Erbse

Eva Derndorfer

Mit Illustrationen von
Linda Wolfsgruber

mandelbaums *kleine gourmandisen*
N° 32

Für Frida

www.mandelbaum.at
ISBN 978-3-85476-874-6

1. Auflage 2020
Lektorat: Inge Fasan
Satz und Umschlaggestaltung: Michael Baiculescu
Illustrationen: Linda Wolfsgruber
Druck: Interpress, Budapest

ES GRÜNT SO GRÜN

In meiner Kindheit aß ich Erbsensuppe mit Würsteln auf Schihütten und Risibisi als Beilage im Gasthaus. Zuhause gab es Erbsen als Lesestoff in Form der Prinzessin auf der Erbse oder von Aschenputtel. Auf Kochsalat (Romanasalat) mit Erbsen, eine österreichische Spezialität, stieß ich erstmals als Erwachsene – umgehauen hat mich dieses Gericht allerdings nicht. Dann lernte ich das kulinarische und gesundheitliche Potenzial der Hülsenfrucht kennen und schätzen, und es reicht weit über die stiefmütterlich behandelte Beilagen-Erbse aus der Tiefkühltruhe hinaus.

Heute existiert rund um die Erbse, die zu den ältesten Kulturpflanzen überhaupt zählt, ein regelrechter Hype. Auch isoliertes Erbsenprotein ist gefragt wie nie zuvor. Viele Fleischersatzprodukte basieren auf der Erbse. Doch die Erbse kann weit mehr als »ersetzen«: Man kann sie direkt vom Strauch naschen, sie befriedigt den Gaumen durch Umami-Geschmack und eignet sich aufgrund ihrer zarten Süße hervorragend für Desserts. Sie betört mit blumigen, grasigen und grünen Aromen von Apfel, Paprika und Spargel und bietet variantenreiche Konsistenzen von der Knackigkeit der Zuckererbse zur musigen Konsistenz der gekochten Trockenerbse. Sie zaubert Farbe auf den Teller und ein Lächeln ins Gesicht.

Die in dieser Gourmandise enthaltenen Rezepte sind allesamt fleischfrei, aber keine Ersatz-Produkte alias Burger oder Würstel. Genießen Sie hingegen Erbsen-Melonen-Gazpacho, Rote-Rüben-Salat mit Erbsen-Miso-Dressing, Erbsengrissini oder Erbsen-Zitronen-Tiramisu. Und sollten Sie kleine Kinder haben, werden auch die sich gern über die süße Erbse hermachen.

KULTURGESCHICHTE DER ERBSE

Die Erbse war unter den ältesten Lebensmittelfunden überhaupt: In Thailand aß man die damals wilde Hülsenfrucht schon vor 11.500 Jahren. Auch als Kulturerbse hat sie eine lange Geschichte, die etwa 10.000 Jahre zurückreicht.

Äußerst vielfältig ist ihr Einsatz: Mal galt sie als Fruchtbarkeitssymbol, mal als Totenspeise, sie war Soldatennahrung, Arme-Leute-Essen, königliches Festmahl und sie wurde als Brotmehl, Gemüse, Kaffeesurrogat und Pralinenfüllung verzehrt. Die alten Griechen buken Brot mit unterschiedlichsten Zutaten, neben Weizen, Roggen, Dinkel, Gerste und Reis auch mit Erbsenmehl – und das nicht, weil nichts anderes zur Verfügung stand, sondern aus purer Brotliebe! Heute weiß man um die guten Backeigenschaften des Erbsenmehls. Auch Erbsenbrei galt im antiken Griechenland als Spezialität und wurde als Streetfood angeboten.

Im Mittelalter war die Erbse fixer Bestandteil des Speisezettels, zumindest was die einfache Bevölkerung betraf. Statt Fleisch gab es Roggenbrot, Haferbrei, gekochte Linsen und Erbsen – eine sehr gute und nährstoffreiche Kombination. Bohnen und Erbsen boten noch einen weiteren Vorteil: Die späte Reife überschnitt sich nicht mit den Erntezeiten anderer Gemüse. Erbsen wie heute grün, d.h. unausgereift, zu essen, war den Menschen im Mittelalter fremd. Man erntete die Erbsen (Palerbsen) reif und trocknete die Samen.

Ihre zunehmende Popularität in Europa verdankte die Erbse dem französischen Königshof, genauer gesagt dem Sonnenkönig Ludwig XIV., der grüne Erbsen und Zuckerschoten liebte und sich entsprechend über sie hermachte. Angeblich ließ er sogar einen Teil des Louvre-Parks in ein Erbsenbeet verwandeln. Die Bezeichnung *Kaiserschoten* für Zuckerschoten dürfte auf ihn zurückgehen.

Bemerkenswert ist diese königliche Erbsenliebe umso mehr, als daraufhin wieder Phasen folgten, in denen Erbsen zum Ersatzprodukt wurden. Zuerst als Kaffeeersatz, dann als Brotmehl. Bis ins 18. Jahrhundert streckte die wenig betuchte Bevölkerung Getreidemehl mit Eichel-, Kastanien, Bohnen- oder Erbsenmehl, dieses Brot wurde folglich als *Gesindelbrot* bezeichnet. Später führten Kriege und damit verbundene Lebensmittelknappheiten ebenso dazu, dass Brote mit anderen Zutaten versetzt wurden, im Ersten Weltkrieg etwa mit Mais-, Bohnen-, Erbsen- oder Holzmehl.

Erbsen waren aber auch stärkende Kost, im 18. Jahrhundert avancierten sie daher zur nährstoffreichen Soldatennahrung. Überliefert ist etwa die *Rumford-Suppe*, benannt nach ihrem Erfinder Graf Rumford am bayrischen Hof. Die Suppe bestand aus Gerstengraupen, Erbsen und Kartoffeln, wurde mit Essig und Salz gewürzt, zum Schluss kamen noch Brotscheiben hinein. Später fand dieser Eintopf – allerdings samt Wurst und Speck – Eingang in die bürgerliche Küche des 19. Jahrhunderts. Stärkende Kost brauchten auch die Sklaven in den USA in Form von Eintöpfen aus Erbsen und Reis.

Ebenfalls im 19. Jahrhundert begann die Herstellung von Convenience-Produkten, und dabei spielte die Erbse von Anfang an eine bedeutende Rolle. Das älteste Fertiggericht in Deutschland war die *Erbswurst*, eine Art Instant-Erbsensuppe, deren Name auf die Form einer Rolle zurückgeht. Die Suppe war in Tablettenform portioniert, diese wiederum zu Rollen zusammengefasst. Für die Zubereitung der Suppe musste man die Tabletten nur in kaltem Wasser auflösen und kurz kochen. In dieser Form als billiges und ewig haltbares Conveniencefood diente die Erbse einmal mehr als Soldatennahrung, die Erbswurst war aber auch Bergsteigerproviant. Das unglaublich erfolgreiche Produkt war von 1867 bis 2018 auf dem Markt – von einem derart langen Lebenszyklus können die Entwickler neuer Lebensmittel-Produkte nur träumen.

Zeitgleich sollten Erbsen aber auch Feinschmeckergerichte »verschönern«. Angeblich veranstalteten Mitglieder der *Société Zoologique d'acclimatation* während der deutschen Hungerblockade gegen Paris 1870/71 ein Feinschmeckeressen, bei dem Pferde-, Hunde-, Katzen- und Rattenfleisch verarbeitet und Hundekoteletts mit Erbsen garniert wurden.

Erbsen waren auch das erste Gemüse, das tiefgekühlt im Handel erhältlich war. In dieser Form gibt es die Erbse auch heute quasi überall. Da die Erbsensaison kurz und die Erbse frisch auch nur ganz kurz haltbar ist, ist sie *das* Tiefkühlgemüse schlechthin. In der Form wird sie sogar in der Spitzengastronomie verwendet. Tanja Grandits etwa, eine berühmte Schweizer Köchin, akzeptiert die Erbse als einziges Tiefkühlgemüse überhaupt – zumindest für Suppen.

Was auffällt: Als Heilpflanze galt die Erbse nie und nirgendwo. In der Traditionellen Chinesischen Medizin gibt man sie jedoch als stärkendes Mittel bei Brechdurchfall, etwa als Brei aus gekochten Erbsen mit Koriandergrün und Koriandersamen.

Seit 2019 wird die Erbse jedes Jahr gewürdigt: am *World Pulses Day*, also am Welt-Hülsenfruchttag, dem 10. Februar, der unter anderem der Erbse Tribut zollt.

SCHMETTERLINGSBLÜTLER MIT GESELLIGEN TENDENZEN

Die Gartenerbse oder Speiseerbse, lateinisch *Pisum sativum*, ist botanisch ein Schmetterlingsblütler und gehört zur Familie der Hülsenfrüchte. Und ja, Gartenerbse, denn auf dem Balkon wird das nichts. Die einjährige Pflanze bildet stark verzweigte Wurzeln aus, die bis zu einem Meter in die Tiefe reichen, als Topfpflanze ist die Erbse daher ungeeignet. Ein kleiner Trost für urbane Gärtnerinnen und Gärtner: Drinnen kann man das ganze Jahr über Erbsenkeimlinge ziehen. Dafür Samen ausstreuen, mit Wasser bedecken, ins Licht stellen und nach wenigen Tagen die Keimsprossen ernten.

Die Erbse ist gesellig: Sie geht Koexistenzen ein – mit Bakterien ebenso wie mit Getreide. Knöllchenbakterien an den Wurzeln der Erbsenpflanze binden Stickstoff aus der Luft und versorgen damit die eiweißreiche Pflanze, die Pflanze wiederum ernährt die Bakterien – eine perfekte Symbiose. Der Stickstoff ist auch der Grund, warum die Kulturerbse von Anfang an gemeinsam mit Weizen und Gerste angepflanzt wurde: Die Erbse versorgte das Getreide mit Stickstoff, umgekehrt verwendete die Erbse das Getreide als Gerüst. In Südtirol wurde der gemeinsame Anbau oft auch mit einem Wort – *Gersterbse* – bezeichnet.

Die Erbse ist nicht zuletzt deshalb so verbreitet, weil sie weltweit in gemäßigten Zonen wachsen kann und ein breites Temperaturspektrum akzeptiert. Sie gedeiht selbst in den Alpen auf über 2.000 m Seehöhe, es ist also durchaus passend, dass Erbsen in Schihütten serviert werden. Dennoch: Je wärmer der Boden, desto rascher keimt die Erbse.

Beim Anbau ist auf Fruchtfolge zu achten, denn die Erbse mag sich selbst nicht – oder besser gesagt: Sie verträgt sich selbst nicht. Erst nach fünf bis acht Jahren können auf demselben Stück Boden wieder Erbsen angebaut werden. Wer Anfang des Jahres schon in den gärtnerischen Startlöchern scharrt, muss nur entsprechende Sorten wählen. Die Aussaat erfolgt je nach Sorte bereits Ende Februar oder erst Mitte April, bei mindestens 1–2 °C. Palerbsen sind kältetoleranter als Mark- und Zuckererbsen (zur Erbsenpalette ab S. 11), die erst bei Bodentemperaturen von 5–8 °C im April ausgesät werden. Es gibt aber auch Wintererbsen, die bereits im Oktober gesät werden und im Jungstadium Temperaturen bis minus 15 °C aushalten.

Vorkultur ist nicht nötig, man sät direkt ins Beet, und zwar ca. 3 cm tief. Die Blütezeit ist von Mai bis Juni. Die Blüten sind je nach Sorte weiß, rosa, purpur oder violett und duften betörend nach Honig. Die Hülsenfrüchte – im allgemeinen Sprachgebrauch als Schoten bezeichnet, obwohl das botanisch nicht korrekt ist – sind bis zu 12 cm lang und je nach Sorte grün, gelb, braun, violett oder schwarz. Die Hülsen enthalten vier bis zehn Erbsen, die Samen der Pflanze. Sommererbsen werden im Juli und August geerntet, Wintererbsen zwei bis drei Wochen früher.

Weltweit werden 20,7 Millionen Tonnen grüne Erbsen und 16,2 Millionen Tonnen Trockenspeiseerbsen pro Jahr geerntet. Der größere Teil fällt dabei als Futtererbsen für Tiernahrung an. Auch Erbsenstroh wird an Tiere verfüttert.

Erbsenhype hin oder her, in Österreich ist der Flächenertrag rückläufig und der Grund dafür ist ein hartnäckiger Virus. Dieser Nanovirus ist nicht neu, er wurde erst in warmen Gebieten in Afrika, Asien und Australien beim Anbau von Hülsenfrüchten zum Problem, ab 2009 wurde er in Deutschland und ein Jahr später in österreichischen Erbsenbeständen gefunden. Anfangs unterschätzt befiel der Virus 2016 die heimischen Erbsenbestände fast flächendeckend. Inzwischen hat man ihn in Österreich auch an anderen Leguminosen gefunden, an Ackerbohnen, Linsen, Kichererbsen, Platterbsen und einigen Wickenarten. Der Virus wird von Blattläusen in Erbsenfelder eingeschleppt. Früher haben kältere Winter die Laus und mit ihr den Virus unter Kontrolle gehalten. Der Klimawandel wirkt sich also ganz direkt auf die Erbsen-Erntemenge in Mitteleuropa aus. Da der Erbsenanbau damit für Bauern risikoreich geworden ist, werden in Österreich nur knapp 5.000 ha Fläche mit Erbsen bestellt. Frische Marktware ist nach wie vor verfügbar, betroffen ist vor allem die verarbeitende Industrie. Und hier kommen Ersatzprodukte ins Spiel: Während heimische Tiefkühlproduzenten auf heimische Ware setzen und die Herkunft auch deklarieren (in Österreich als Erbsen aus dem Marchfeld), muss das stark nachgefragte isolierte Erbsenprotein, das als Sportlernahrung und Fleischersatz eingesetzt wird, vielfach aus anderen Kontinenten, v.a. aus China, Kanada und den USA, beschafft werden. Der Erbsenpreis hat in den USA entsprechend angezogen. Es gibt Erbsenprotein aber auch aus EU-Ländern, von Spanien bis Belgien. Nicht zu verwechseln ist das Isolat übrigens mit Erbsenmehl aus gemahlenen und getrockneten Erbsen, das man sehr wohl aus heimischem Anbau erhält.

WHO IS WHO? DIE ERBSENPALETTE

Weltweit gibt es an die 1.000 Erbsensorten, die wie folgt unterteilt werden:

Die **Palerbse**, auch Schalerbse genannt, ist eine Trockenspeiseerbse. Aus ihr wird Erbsenmehl hergestellt, traditionelle Erbsensuppe oder indisches Dal gekocht, aber auch das besagte Erbsenproteinpulver isoliert. Die glatten, gelben oder grünen Samen haben einen hohen Stärkeanteil und sind daher mehliger und weniger süß als Markerbsen. Palerbsen können ab März ausgesät werden, die Ernte findet Ende Juni bis Ende Juli statt. Genussreif sind sie, wenn die Hülsen eingetrocknet sind. Kühl und trocken sind Trockenerbsen wie Getreide gut lagerfähig. Die bereits erwähnte *Erbswurst* ist ein Palerbsenprodukt. Zwischenzeitlich kamen Trockenerbsen aus der Mode, um neben Linsen und Kichererbsen jetzt wieder salonfähig zu sein. Ob *Maiperle, Douce de Provence* oder *Espresso Generoso* – die klingenden Sortennamen machen Lust auf eine Kostprobe! Weitere bekannte Sorten sind *Telefon, Ostfriesische Felderbse* oder *Allerfrüheste Mai.*

Die **Markerbse** landet hingegen frisch gekocht auf dem Teller, aber auch in der Konservendose und im Tiefkühlregal. Die Samen sind sehr zart und süß und halten ihr Aroma auch beim Tiefkühlen. Sie wird vergleichsweise spät gesät, von Anfang April bis Mitte Juli (!), die Ernte erfolgt ab Mitte Juni. Markerbsen haben zum Genusszeitpunkt die volle Größe erreicht, sind aber noch grün und rund und man kann sie auch nur grün, sprich: unreif, genießen. Zum Trocknen eignen sie sich nicht, sie werden dann beim Kochen nicht gar. Die ausgelösten Erbsen sind nur kurz lagerfähig, in der Hülse kann man sie einige Tage im Kühlschrank aufbewahren. Ob *Ostfriesische Grüne, Resi, Wunder von Kelvedon, Senator, Exzellenz* oder *Salzmünder Edelperle* – lassen Sie sich die Erbse auf der Zunge zergehen.

Zuckererbsen, auch *Kaiserschoten* oder *Kefen* genannt, sind im Grunde essbare Hülsen. Sie werden roh oder gekocht, in jedem Fall unreif gegessen, wenn die Samen noch nicht oder kaum entwickelt sind. Zuckererbsen werden nicht nur jung gegessen, sie sind auch historisch betrachtet ein junges Gemüse. Im Mittelalter kannte man sie in Mitteleuropa nicht. Zuckererbsen haben eine zarte Konsistenz und schmecken süß, wobei die Süße eine Frage des Erntezeitpunktes zu sein scheint: Nachmittags geerntete Hülsen schmecken süßer als frühmorgens geerntete, offenbar baut die Pflanze im Laufe des Tages Zucker auf und in der Nacht wieder ab. Der Sortenname ist Programm, zumindest bei *Sugar Bon* und *Kesselheimer Zucker* – Letztere wurde 2013 sogar in die Arche des Geschmacks von Slow Food Deutschland aufgenommen. Verbreitet sind auch *Schneeflocke, Ambrosia, Frieda Welten* oder *Widderhorn*. Die Aussaat erfolgt wie bei Markerbsen spät.

Zuckererbse ist nicht gleich Zuckererbse. Die *Gemeine Zuckererbse* hat Hülsen ohne Pergamentschicht, was den Genuss besonders zart macht. Bei der *Zuckerschwerterbse* füllen die Samen die Hülse nicht ganz aus, man hat also mehr Schote als Erbse. Zuckerschwerterbsen haben auch eine beachtliche Größe (z.B. die Sorte *Schweizer Riesen*). Die *Zuckerbrecherbse* besticht mit besonders dicken Hülsenwänden. Das macht sie für Direktvermarkter attraktiv, weil sie sich gut verpacken lässt.

Was als **Blatterbse oder Erbsenkresse** verkauft wird, sind junge Erbsentriebe, die man roh als Salat, wie Kresse aufs Butterbrot oder kurz angebraten als Gemüse essen kann. Es handelt sich dabei aber um keine eigene Erbsensorte, vielmehr wählt man dafür Zuckererbsensorten aus. Man kann sie selbst im Oktober noch im Kasten oder Minitunnel säen und nach sechs bis acht Wochen ernten. Die Triebe sind dann 10–20 cm lang und schmecken köstlich! So ist man bis zum Jahresende mit frischem, regionalem Grün versorgt. Grüne Weihnachten hätte dann eine ganz neue Bedeutung.

Bleibt die **Futter- oder Ackererbse**: Diese kleinkörnige, später reifende Erbse enthält Bitterstoffe und liefert viel Grünmasse und wenig Korn, während Speiseerbsen auf hohe Kornerträge gezüchtet wurden.

Im Biologieunterricht lernt man über die Erbse zwar kaum Botanisches und schon gar nichts Kulinarisches, dafür aber die Vererbungslehre in Form der Mendel'schen Regeln. Der Augustinermönch Gregor Mendel führte in den 1860er-Jahren Kreuzungsversuche an Erbsenpflanzen durch, die für Aufsehen sorgten und Einblicke in die Art und Weise der Vererbung bestimmter Merkmale gewährten.

DA IST WAS DRIN – MEHR ALS NUR EIWEISS

Die grüne Perle hat es in sich: Unreife Erbsen bestehen zu 80 % aus Wasser, den Rest machen 10–15 % Kohlenhydrate, 5–8 % Eiweiß und weniger als 1 % Fett aus. 100 g Erbsen bringen immerhin 80 kcal mit.

Dass um sie ein Hype entstanden ist, verdanken sie wie alle Hülsenfrüchte ihrem Eiweißgehalt. Egal ob vegan, vegetarisch oder flexitarisch – mehr Pflanzeneiweiß und weniger vom Tier ist vielen Ernährungsformen gemein und nicht nur modisch, sondern auch zukunftsfähig. Bei Erbsen fällt der Eiweißanteil zwar geringer aus als bei Bohnen, aber es sind doch nennenswerte Mengen enthalten. Relevant ist allerdings nicht die Eiweißmenge, sondern der Gehalt an essenziellen Aminosäuren, die unser Körper braucht, aber nicht selbst herstellen kann. Unter diesen essenziellen Aminosäuren sind auch Methionin und Lysin, die beim Fettstoffwechsel eine Rolle spielen. Hülsenfrüchte enthalten generell verhältnismäßig wenig Methionin, sind dafür gute Quellen für Lysin. Wer die Erbse mit Getreide kombiniert, kommt auf die volle Rechnung, denn Getreide liefert viel Methionin. *Risibisi*, ein Stück Brot zur Erbsensuppe oder das gemeinsame Verbacken von Weizen- und Erbsenmehl machen also nicht nur geschmacklich, sondern auch ernährungsphysiologisch Sinn. Auch die nicht essenzielle Aminosäure Glutaminsäure ist reichlich in der Erbse vorhanden. Etwa 20 % des enthaltenen Eiweißes fällt auf Glutaminsäure – sie macht den umami-Geschmack aus. Erbsenmehl, das aus getrockneten Erbsen besteht, hat einen Eiweißgehalt von knapp 20 %.

Die Erbse wäre nicht süß, enthielte sie keine Kohlenhydrate. Großteils ist es zwar Stärke, doch einen kleinen Anteil machen auch verschiedene Zucker aus: Fruktose, Glukose, Maltose, aber auch ein wenig Saccharose. Auch als Ballaststoffquelle machen Erbsen & Co eine gute Figur.

Erbsen sind zudem reich an B-Vitaminen, Kalium und Eisen. Und dann wären da noch sekundäre Pflanzeninhaltsstoffe, darunter Phytoöstrogene, Saponine und Phytosterole. Phytoöstrogene sind pflanzliche Östrogene, die ähnlich wie das weibliche Geschlechtshormon Östrogen aufgebaut sind. Verhütungsmittel sind Erbsen deshalb aber keine. Phytoöstrogene sind jedoch antioxidativ und beeinflussen das Immunsystem, verbessern Blutgefäßfunktionen und den Blutdruck, in Diskussion ist auch eine schützende Wirkung bei Herz-Kreislauf-Erkrankungen, Krebs, verminderter Knochendichte oder Beschwerden in den Wechseljahren.

Wo Licht, da Schatten: Allergische Reaktionen auf die Erbse sind selten, aber nicht auszuschließen. Bei vielen Allergien, die von Lebensmitteln unabhängig sind, kann es zu Kreuzreaktionen mit Nahrungsallergenen kommen, bei der Erbse (wie auch bei Bohne, Lupine oder Soja) etwa mit Gräser- und Getreidepollen.

ERBSEN AUS DER FABRIK – DIE INDUSTRIELLE VERARBEITUNG

Die Erbse ist im wahrsten Sinne des Wortes *cool.* Sie war das allererste Gemüse, das tiefgekühlt im Handel erhältlich war. In Großbritannien war sogar die erste Farbfernsehwerbung überhaupt eine für Tiefkühlerbsen. Man schrieb das Jahr 1969.

Trödelei behagt der Erbse gar nicht, nur 90 Minuten beträgt der Zeitraum zwischen Feld und Tiefkühlung. Damit wird auch geworben. Lange dachte ich, dass sich diese Werbebotschaft auf den Erhalt von Vitaminen bezieht. De facto aber führen sechs Stunden Lagerung bei 25 °C zu einem drastischen Verlust des natürlich enthaltenen Zuckers, was bei süßlichen Erbsen natürlich eine deutliche Qualitätseinbuße ist. Wenn man frische Erbsen kaufen will, sollte man also möglichst zeitig auf den Markt gehen und sie zuhause sofort in den Kühlschrank stecken. Auch bekommen Erbsen bei höheren Temperaturen rasch einen säuerlichen Geschmack, der auf Milchsäure-Gärungsprozesse zurückzuführen ist. 90 Minuten sind also tatsächlich ein Qualitätsversprechen. Tiefkühlerbsen sind eines der wenigen Gemüse, die zwar – wie könnte es anders sein – nicht wie frisch geerntet schmecken, aber zumindest gut sind, v.a. wenn man Suppen oder Aufstriche zubereitet.

Was passiert zwischen Feld und Tiefkühltruhe? In diesen 90 Minuten werden Erbsen ausgelöst, gereinigt, nach Größe sortiert und blanchiert. Abgesehen davon, dass das Blanchieren nochmals eine gründliche Reinigung darstellt und manche Mikroorganismen abgetötet werden, wird Sauerstoff aus dem Extrazellulärraum, also dem Raum zwischen den Zellen der Erbse, der mit Gewebsflüssigkeit gefüllt ist, freigesetzt. Dadurch verringert sich die Oxidation während der Lagerung und das beugt unerwünschten Geruchs- und Geschmacksstoffen vor. Darüber hinaus wird durch die Hitzeeinwirkung das Eiweiß denaturiert. Damit werden auch Enzyme, die immer aus Eiweiß bestehen, inaktiviert. So kommt es während der Tiefkühllagerung nicht zur Umwandlung von grünem Chlorophyll in olivgrünbraunes Phäophytin, die Farbe richtig blanchierter Erbsen bleibt also auch im Zuge der Tiefkühllagerung schön grün. Durch Blanchieren kann es aber durch die Verdichtung des Gewebes zu einer Farbveränderung kommen. Wichtig ist das rasche Abkühlen nach dem Blanchieren, sodass der Garprozess sofort gestoppt wird. Zuhause nimmt man für so einen Schritt ein eiskaltes Wasserbad.

Man kann es aber übertreiben: Zu exzessives Blanchieren löst den Zucker aus den Erbsen und reduziert damit ebenso die Qualität. Und natürlich gehen beim Blanchieren wasserlösliche Vitamine, v.a. Vitamin C, zum Teil verloren. Tiefkühlerbsen werden nun gekühlt, gefroren, verpackt und gelagert. Dabei ist einmal mehr Geschwindigkeit gefragt: Langsames Einfrieren produziert größere Eiskristalle und diese zerstören die Zellstrukturen.

Die zweite verbreitete industrielle Haltbarmachung ist jene in Dosen und Gläsern. Das galt einst als fortschrittlich, da gut stapelbar, kulinarisch sind Dosenerbsen bekanntlich keine Offenbarung. Für Veganer ist aber das Abtropfwasser eine interessante Zutat (siehe dazu die Mousse S. 56). Werden Erbsen in Dosen oder Gläsern hitzesterilisiert, folgt auf Reinigen, Sortieren und Blanchieren das Verpacken in Glas oder Weißblechdosen, das Aufgießen mit Aufgussflüssigkeit, Verschließen und anschließend eine Pasteurisation oder Sterilisation.

Eine neuere Form der Verarbeitung ist das Vermahlen von getrockneten Erbsen zu Erbsenmehl. Daraus lassen sich wunderbare Gerichte zubereiten, von frischer Pasta bis zu Erbsenschöberl als Suppeneinlage (Rezept S. 39). Das in Großbritannien verbreitete »Erbsmehl« – *pease-*

meal – wird aus gelben Erbsen hergestellt. Es wird leicht geröstet, bis der enthaltene Zucker karamellisiert und das Mehl dunkler wird. Seine Herstellung wurde zwischenzeitlich in den 1970ern eingestellt, aber »reaktiviert« und erlebt einen neuen Aufschwung. Dieses Erbsmehl verwendet man in Schottland für regionale Speisen.

Auch aus Schottland, aber erst seit Kurzem hergestellt, ist ein Gin aus Gartenerbsen, der angeblich nicht nur klimaneutral, sondern sogar klimapositiv produziert wird.

Isoliertes Erbsenprotein, das üblicherweise aus gelben Schalerbsen gewonnen wird, wird vor allem an Sportler vermarktet, und zwar pur wie Mehl, um Fitnessshakes und Smoothies anzureichern, oder in Form von Energieriegeln, oft in Verbindung mit Reisprotein, Nüssen, Chia und Pseudogetreiden. Und es landet als Fleischersatz auf dem Teller.

VON ERBSEN, FLEISCH(ERSATZ) UND DEM KLIMA

Wer den CO_2-Abdruck seines Speisezettels verringern will, muss vor allem eines tun: auf die Art der Produkte schauen. Natürlich spielt auch die Herkunft eine Rolle, und selbstredend haben regionale Lebensmittel die Nase vorn. Aber die Art des Lebensmittels und seine Produktion schlägt sich viel mehr nieder als die Herkunft. Vergleich Rindfleisch versus Erbse: Für 1 kg Rindfleisch werden 60 kg CO_2-Äquivalente emittiert, für 1 kg Erbsen gerade mal 1 kg. Erbsen wohlbemerkt, nicht isoliertes Erbsenprotein, das zu Burgern extrudiert wird. Vegane Erbsenburger verursachen einer Studie zufolge in ihrer Produktion zwar auch deutlich weniger CO_2-Emissionen als vergleichbare Rindfleischburger, allerdings gibt es dazu nur eine einzige amerikanische Studie, und die berücksichtigt amerikanische Produktionsbedingungen bei Fleisch.

Erbsenproteinprodukte versuchen sich dabei als *Clean Label Alterative* zu positionieren, als Protein, das nicht gentechnologisch verändert wurde oder das biologisch angebaut ist. Bedenkt man, woher das isolierte Erbseneiweiß zum Teil kommt (siehe S. 11), ist dabei eine genaue Analyse des Etiketts gefragt. Hier gibt's Luft nach oben in Sachen Klimafreundlichkeit.

Unter den bekanntesten Fleischersatzprodukten aus Erbseneiweiß befindet sich die Marke *beyond meat*. Man kann das Wort beyond mit »darüber hinaus« übersetzen, »the beyond« bezeichnet aber das Jenseits. Nun darf jeder selbst beurteilen, ob solche Fleischersatzprodukte (auch andere Marken) gut oder jenseitig sind. Das Unternehmen wurde 2009 in den USA gegründet, 2013 wurde das erste Hühnerfleisch-Ersatzprodukt verkauft, im selben Jahr ein Rindfleischersatz auf den Markt gebracht. Die Produkte bestehen vorwiegend aus Wasser, Erbsenprotein und Ölen, dazu kommen Gewürze und Aromen. Durch Extrusion werden die Produkte in die gewünschte Form gebracht. Neben langen Transportwegen machen im Fall *beyond meat* laut Zeitschrift Ökotest Mineralölbestandteile in den Burgern und geschmacksverstärkende Hefeextrakte eine schiefe Optik.

Die Sicherung ausreichender Rohstoffe dürfte für die Verarbeiter von Erbsenprotein ein wesentliches Thema sein – auf die Nanovirus-Problematik in Folge der Klimaerwärmung habe ich bereits hingewiesen.

Ersatzprodukte auf Erbsenbasis gibt es wie gesagt seit Jahrtausenden, jung ist lediglich die industrielle Verarbeitung zu Fleischersatzprodukten. Auch die Idee der Ersatzwurst ist keine Erfindung des 21. Jahrhunderts. In Deutschland gab es im Ersten Weltkrieg eine *Friedens-*

wurst auf Sojabasis. Und in der ehemaligen DDR erfand ein Lebensmittelchemiker Rezepturen, um teure Lebensmittel billig zu ersetzen. Als größter Erfolg galt eine Füllung für Schokopralinen auf Erbsenbasis, die Marzipan ersetzte. Süß sind Erbsen ja allemal.

ABER BITTE UMAMI!

Erbsen sind Stück für Stück ein kleines Glück, sie vereinen alles, was man mag. Sie haben eine schöne und glänzende Farbe und bieten je nach Sorte und Vorliebe unterschiedlichste Konsistenzen: zart, glatt, knackig, saftig, fest zum Beißen oder mehlig zum Pürieren. Im Geschmack sind sie süß, was fast alle Menschen mögen, und sie schmecken umami, was auch fast alle mögen, auch wenn sie es nicht wissen. Die Aminosäure Glutaminsäure, die für umami verantwortlich ist, ist reichlich in der Erbse vorhanden. Bitter sind Speiseerbsen hingegen nicht, diese Eigenschaft haben nur Futtererbsen. Und das Aroma? Das ist süßlich, grün und grasig, es kann bohnig, erdig, muffig, pilzig, nach Fichtennadeln, aber auch nach grünem Paprika, Spargel, fruchtig, nach grüner Bananenschale und grünen Äpfeln, floral, zitrusartig und etwas schwefelig sein. Welche Aromen und Geschmäcker am stärksten hervorkommen, ist übrigens temperaturabhängig: Die Süße wird bei warmen Erbsen stärker geschmeckt, erdige Noten kommen bei kalten Erbsen stärker durch. Manchmal erinnern Erbsen durch ihren Stärkegehalt auch an gekochte Kartoffeln.

Mangelnde Qualität äußert sich bei »frischen« (im Sinne von nicht konservierten) Erbsen in Form von dumpfen, alten Noten in Folge zu langer Lagerung.

Für die industrielle Verarbeitung ist aufgrund der Blanchier-Dauer gleichmäßige Größe relevant. Wir erkennt man gute Qualität bei Tiefkühlerbsen? Optische Fehler von Tiefkühlerbsen sind analog zu anderen Tiefkühlprodukten Gefrierbrand, Eis- und Schneebildung sowie ungleichmäßige Farbe. Andere Mängel sind das Resultat ineffektiver Blanchierung. Riechen Tiefkühlerbsen beispielsweise nach Aceton – weithin als Nagellackentferner-Geruch bekannt – rührt dies von Fettperoxidation (Fettabbau) durch Enzymaktivität her, ist also dann ein Thema, wenn nicht ausreichend blanchiert wurde. Dumpfer, muffiger Geruch ist auf eine Austrocknung des Gewebes und Fettoxidation zurückzuführen. Das für Fehlaromen hauptverantwortliche Enzym Lipoxygenase ist in Erbsen großzügig enthalten. In Bohnen und Kartoffeln übrigens auch. Auch mehlige, harte oder bittere Erbsen sind Beanstandungsgründe.

ERBSEN IN DER KÜCHE – LEAF TO SEED

Leaf to root ist ausnahmslos und immer sinnvoll, wenn es möglich ist. Sprich: wenn die Pflanze es zulässt, dass man sämtliche Teile isst. In diesem Fall reicht das kulinarische Spektrum immerhin von *leaf to seed*. Die Erbse ist also ein prädestiniertes Beispiel dafür, dass man aus einer Pflanze unterschiedliche Teile verwenden kann.

LEAF: Im Senegal gibt es einen Eintopf aus Trockenfisch, Zwiebel und Erdnüssen. Das Spannende daran: In das Kochwasser werden zuvor Erbsenblätter gegeben und eine Zeitlang gekocht, bevor die anderen Zutaten hinzugefügt werden. Junge Erbsentriebe, im Bioladen oder gut sortierten Lebensmitteleinzelhandel wegen ähnlicher Verwendungsmöglichkeiten auch als *Erbsenkresse* gehandelt, sind eine tolle Salatzutat. Sie können auch zuhause selbst gezogen werden. Botanisch haben sie nichts mit Kresse zu tun, man bekommt sie aber ähnlich wie Kresse in kleinen Schachteln zu kaufen. Als *microgreens* oder *little greens* sind sie zum winterlichen Trendgemüse avanciert, die Salate bereichern, aufs

Butterbrot gestreut gegessen oder als Topping in Bowls kredenzt werden. Die Pflänzchen sind klein, aber oho – nämlich intensiv im Geschmack: Sie schmecken grün und nach Erbse, z.B. im Wintersalat mit Erbsentrieben auf S. 34.

POD: Man kann Erbsen direkt aus der Verpackung – den Hülsen – naschen oder sie gleich mitsamt den Hülsen in Form von Zuckerschoten genießen. Nicht umsonst heißen sie im Französischen *mangetout* – iss alles. Zuckerschoten kann man übrigens auch grillen. Die nächste Grillsaison steht immer bevor, es geht aber auch in einer Grillpfanne. Was macht man aber mit den leeren Schoten der Markerbsen, nachdem man die grünen Samen ausgelöst hat? Im Rezeptteil finden Sie eine Erbsenhülsensuppe mit Erdnussmus (S. 40) und ein Pea Pod Pesto (S. 50). Von der Köchin und Foodstylistin Bernadette Wörndl habe ich gelernt, dass man die Schoten entsaften kann: Die ausgelösten grünen Kügelchen werden dann im Erbsenschotensaft gegart. Ich habe die Idee des Entsaftens aufgegriffen und den gewonnenen Saft anschließend einreduziert. Dieser dicke und süße Erbsenhülsensaft auf gebackenen Ofenricotta geträufelt ist eine umwerfende Kombination (siehe S. 44).

SEED: Damit ist die Erbse selbst bzw. daraus hergestelltes Mehl gemeint. Letzteres ist neuerdings Bestandteil vieler Snacks, auch Nudeln werden aus Erbsenmehl hergestellt. Wird Erbsenmehl mit Weizenmehl gemischt, ist nicht nur der Ballaststoffgehalt von Brot und Gebäck höher, das Gebäck schmeckt auch komplexer. Brot, das mit Erbsenmehl angereichert wird, hat einen niedrigeren glykämischen Index als vergleichbares herkömmliches Brot, und das bei verbesserten Teigeigenschaften und geringerer Festigkeit des Brotes. Rezepte für Scones (S. 52) und Erbsengrissini (S. 53) finden Sie im Rezeptteil.

Und wenn wir schon beim Backen sind: Trockenerbsen können zum *Blindbacken* verwendet werden. Soll bei einem Backwerk, das nachträglich gefüllt wird, der Boden flach bleiben und der Rand aufgehen, gibt man Backpapier und getrocknete Hülsenfrüchte während des Backens auf den Boden. Papier und Hülsenfrüchte werden anschließend entfernt und durch die Füllung ersetzt. Die Hülsenfrüchte können weiterverwendet werden.

Wer vegan kocht und Desserts liebt, hat im Abtropfwasser von Dosenerbsen *(Aquafaba)* eine funktionelle Zutat. Es lässt sich schaumig aufschlagen, mit Sahnesteif oder Backpulver und Zitronensaft bleibt der Schaum bestehen und kann in Mousse au chocolat (S. 56) oder auch in Kuchenrezepten verwendet werden.

KOCH-KNOW-HOW

Bei Gemüsen läuft der Stoffwechsel auch nach der Ernte weiter. Grüne, sprich unreif geerntete Erbsen reifen nach, und der Zucker wandelt sich in Stärke um. Dann schmecken sie mehlig und bitter. Bei 4 °C kann man Erbsen in der Schote im Kühlschrank bis zu sieben Tage lagern, ausgelöst deutlich kürzer. Bei Raumtemperatur verzeichnen Erbsen hingegen in Kürze einen großen Qualitätsverlust (siehe auch S. 16f.).

Gut Ding braucht Weile – alle frischen Erbsen benötigen etwas Vorbereitung. Markerbsen muss man auslösen (palen), 300 g Erbsen in der Schote ergeben ca. 100 g ausgelöste Erbsen (auch abhängig davon, wie viele man zwischendurch im Mund verschwinden lässt). Das Schöne daran: Wer kleine Kinder hat, kann diese mithelfen lassen. Für meine kleine Tochter ist das Auslösen von Erbsen ein Highlight. Bei Zuckererbsen zieht man die seitlichen zähen Nähte ab, man nennt das auch abfädeln.

Dafür Spitze und Stielansatz mit einem scharfen Messer abschneiden und dabei die Fäden auf beiden Seiten mit abziehen.

Die Garzeit hängt von der Größe der Erbsen ab, eine gewisse Einheitlichkeit ist daher sinnvoll. Wenn Erbsen übergart sind, werden sie matschig und klebrig. Die Kochdauer variiert zwischen 5 und 12 Minuten (meist 8–10 Minuten). Rasches Abkühlen auf unter 15 °C nach dem Kochen oder die Zugabe von Natron oder Backpulver helfen, die grüne Farbe zu erhalten. Tiefkühlerbsen benötigen durch das vorangegangene Blanchieren nur 4–6 Minuten. Eingeweichte ganze Trockenerbsen benötigen 60 Minuten Garzeit, Spalterbsen deutlich kürzer.

Sautieren in der Pfanne geht rascher als kochen und dauert etwa 3–6 Minuten. Da Erbsen kaum Öl aufnehmen, benötigt man in der Pfanne nicht viel davon, egal ob man sautiert oder ein *Stir-fry* zubereitet.

Junge Erbsentriebe *(Erbsenkresse)* kann man roh essen. In China wird die *dou miao* jedoch auch gebraten und in Form von Suppen, gefüllten Teigtaschen und Salaten verzehrt.

WER MIT WEM?

Immer noch gibt es das langweilige Tiefkühl-Mischgemüse-Triplett aus Karotte, Mais und Erbse. Das ist bunt, aber sonst? Was passt wirklich gut zur Erbse?

Kartoffeln! Sie landen oft gemeinsam mit Erbsen in einem Gericht: im russischen Salat mit Mayonnaise, in indischen Samosa (mit Kartoffeln und Erbsen gefüllte Teigtaschen, siehe auch Rezept S. 43), im indischen Kartoffel-Erbsen-Curry. Der britische Koch Yotam Ottolenghi fügt Erbsen – tiefgekühlte, wohlbemerkt – einem Kartoffelsalat mit Kräutern und Wachteleiern zu.

Zitronen! Durch die leichte Zitrusnote passen alle Zitrusfrüchte gut zur Erbse. Aufstriche wie Fawa (S. 41) und Erbsen-Guacamole (S. 41) werden mit Zitronensaft abgerundet, Salate mit Erbsen mögen Zitronensaft im Dressing oder Grapefruits als Filets (z.B. der Wintersalat auf S. 34).

Säure schadet süßen Erbsen also nicht. Abgesehen von Zitrusfrüchten kommt sie in Form von Feta und Joghurt ins Spiel – auch bei Süßspeisen. Aufgrund ihrer natürlichen Süße eignen sich grüne Erbsen nämlich sehr gut für Desserts, ob grüne Macarons, Erbsen-Mousse oder Biskuitkuchen mit Erbsencreme und Erdbeeren. Genießen Sie Erbsen-Zitronen-Tiramisu (S. 54) oder ein Erbseneis mit Himbeeren (S. 55).

Tolle grüne Gemüsepartner sind Paprika und Spargel. Pilze oder Karotten harmonieren mit der erdigen Note. Auch Auberginen (Melanzani-Erbsen-Curry S. 47) und Kürbis (in der Gelben Spalterbsensuppe S. 38) sind stimmige Food-Pairing-Partner, die gemeinsame Aromen mit der Erbse besitzen.

Fichtensprossen oder Pinienkerne haben wie die Erbse eine dezente Harzigkeit. Detto frische Tannenwipfel – auf das Stir-fry mit Tannenwipfel-Teriyakisauce (S. 46) bin ich besonders stolz. Olivenöl und Butter schmeicheln der Erbse und sind somit ideales Food Pairing.

Tahitivanille und Cayennepfeffer sind empfehlenswerte Gewürze zur Erbse (siehe z.B. Erbsen-Kokos-Parfait S. 55).

Mit Tee kann man wunderbar kochen, auch die Erbse! Einer meiner persönlichen Rezept-Highlights ist die Erbsen-Zuckermelonen-Gazpacho (S. 36) mit grünem Sencha-Tee. Vilgis und Viereich empfehlen das Dünsten in etwas Puh-Err-Tee, wobei der Tee verdampft und seine Aromen sowie seine Bitterkeit in der Speise eingefangen werden.

Pfefferminze ist spannenderweise laut Food Pairing kein genialer Partner, wird aber in vielen Länderküchen mit der Erbse kombiniert. Sie schmeckt auch in einer Erbsen-Frittata (S. 48).

GLOBALE ERBSEN-ESSKULTUR

Ein Gewächs, das so weit verbreitet ist wie die Erbse, findet sich natürlich in vielen traditionellen Gerichten in Asien, Europa, Nordafrika und den USA. In Südamerika haben sich hingegen verschiedene Bohnen stärker durchgesetzt.

Ein traditionelles österreichisches Gericht ist der *Kochsalat mit Erbsen*. Hierfür braucht man Kochsalat (Romanasalat), Erbsen, Suppenwürze, Salz, Pfeffer sowie Mehl und Butter für die Einbrenn (Mehlschwitze). Der Salat wird geschnitten oder grob gezupft und in wenig Wasser mit Suppenwürze geköchelt. Dann kommen die Erbsen dazu, man kocht die Mischung weiter, bis die Erbsen durch sind. Mit Einbrenn binden und mit Salz und Pfeffer abschmecken. Weniger bekannt, aber ebenso traditionell ist eine Mühlviertler *Erbsensuppe mit gebackenen Nüssen*. Die Erbsensuppe wird aus getrockneten Erbsen zubereitet, die »Nüsse« sind kleine Kugeln aus Brandteig, die in Fett herausgebacken werden.

Deutsche Erbsenspezialitäten sind das *Leipziger Allerlei* und ein Gericht namens *Graue Erbsen*, das in Schleswig-Holstein rund um den Faschingsdienstag in Restaurants serviert wird. Der deftige Eintopf besteht aus grauen Kapuzinererbsen (die zu den Markerbsen gezählt werden), Kartoffeln, Zwiebeln, Speck, Schweinebacke, Kasseler und Kochwurst, dazu gibt es Bier und Kümmelschnaps. Das *Leipziger Allerlei* ist im Gegensatz dazu ein Gemüsegericht aus verschiedenen jungen

Gemüsen wie Erbsen, Karotten, Spargel, Fisolen (Grüne Bohnen), Sellerie, Morcheln, Karfiol (Blumenkohl), Kohlrabi oder Zwiebeln. Klassischerweise gibt es dazu Grießknödel und eine Sauce aus Krebsbutter und Flusskrebsschwänzen.

Risi e bisi, hierzulande als Risibisi bezeichnet, kommt aus Italien. Die Kombination aus Erbsen und Reis ist aber in vielen Ländern verbreitet, etwa in Indien als *Erbsen-Reis-Pilau* oder in Japan als *Mame Gohan*, ein Erbsenreis, der mit *Mirin* (süßem Reiswein) gewürzt wird.

In Frankreich isst man kleine grüne Erbsen, *petit pois*, üblicherweise mit Schinken. Sie werden auch gerne mit viel – ja – sehr viel Butter zubereitet. Im legendären Kochbuch von Elisabeth David über die französische Küche gibt es ein Rezept, das sich *Grüne Erbsen in Butter* nennt und bei dem 1,5 kg Erbsen, ein Salatkopf (der österreichische Kochsalat lässt grüßen) und 120 g Butter verwendet werden. Eine Erbsencremesuppe selbiger Autorin besteht aus 800 g Erbsen, dem Herz eines Kopfsalates, wiederum 120 g Butter, Wasser, Salz und Zucker.

Auch im Norden Europas sind Erbsen beliebt. Zur traditionellen estnischen Nationalküche gehören Erbsensuppen (mit Schweine- oder Rindfleisch, Hammelfleisch oder auch mit Schweinskopf oder Schweinsohren) sowie Erbsenbrei, Erbsen-Milchbrei oder Erbsen-Kartoffelbrei, die als Beilage zu Fleischgerichten gereicht werden. *Hernerakkaa* ist eine finnische Erbsensuppe aus grünen Trockenerbsen, *Ärtsoppa* das schwedische Pendant aus gelben Erbsen, das traditionell an Donnerstagen aufgetischt wird.

Der Durchschnittsbrite isst 9.000 Erbsen pro Jahr. (Das sind an die 2,7 kg, wie eine nicht repräsentative Erbsenzählung meinerseits ergeben hat.) Beliebt zu *Fish & Chips* sind etwa *Mushy Peas,* ein mit Minze gewürzter Erbsenbrei. Mushy Peas kocht man zumindest seit 1968, so lange sind sie jedenfalls laut Oxford English Dictionary bekannt. Gekochte Erbsen oder Mushy Peas werden in Pubs aber auch zu Burgern serviert. *Bannocks* – gegrillte Fladenbrote aus *peasemeal* – sind in Schottland traditionell. Ursprünglich hießen Erbsen *pease*, das Wort *pea* gibt es seit Mitte des 17. Jahrhunderts. Shakespeare erwähnte dementsprechend noch in zweien seiner Stücke – Ein Sommernachtstraum und Heinrich IV. – *pease*. Man isst Erbsen auf der Insel aber auch zu Käse, etwa Cheddar oder Blauschimmelkäse.

Wie sehr die Briten Erbsen schätzen, zeigt sich auch daran, dass sie Rekordhalter in skurrilen Erbseness-Disziplinen sind – eine Britin schaffte satte 7.175 Erbsen mit Stäbchen in einer Stunde, ein Brite 9,5 Pfundschüsseln voll Erbsen in 12 Minuten.

Nicht nur die Briten kombinieren Erbsen und Minze – auch die Ägypter machen das. Etwa in Form einer Erbsensuppe.

Russischen Salat aus Kartoffeln, Erbsen, Essiggurken, Karotten, harten Eiern, gekochtem Fleisch, Kräutern und Mayonnaise, der auch als *Salat Olivje*, Salat Olivier, oder *Husarensalat* bekannt ist, isst man traditionell zu Silvester oder zu Geburtstagfeiern.

In Asien sind Erbsen und Zuckerschoten verbreitet. Sie sind typischer Bestandteil des indonesischen *Nasi Goreng*. In China und in Thailand isst man Zuckererbsen aus dem Wok. Im *Cantonese Stiry Fry* werden Erbsen mit Ingwer, Knoblauch und oft mit Meeresfrüchten kombiniert. Auch Karotten und Pilze sind dabei beliebt und erzeugen einen Texturkontrast. Indische Currys mit Erbsen sind zahlreich, auch solche mit Erbsen und Paneerkäse.

Und in den USA? Da gibt es Erbsensalate und -suppen. Aus Kalifornien stammt die *Andersen's split pea soup*, benannt nach einem Restaurant Andersen, die neben getrockneten grünen Spalterbsen Stangensellerie, Karotten und Zwiebel enthält. Ein Rezept aus der *Cajun*-Küche (von der frankophonen Bevölkerung Louisianas) enthält gekochte Erbsen, die gemeinsam mit frischen oder eingelegten Perlzwiebeln in Minz-Butter geschwenkt werden.

VON PRINZESSINNEN UND BÖSEWICHTEN

Was man beim Kochen in haushaltsüblichen Mengen als Entschleunigung betrachten kann, die Erbse quasi als Slow Food mit Nasch-Effekt, hat im Märchen den Charakter mühevoller Arbeit. Und wenn sie nicht gerade ausgelöst werden müssen, haben Erbsen entweder die Rolle, die edle Abstammung einer Person zu testen oder den Weg aus einer misslichen Lage zu weisen.

Die Prinzessin auf der Erbse von Hans Christian Andersen kennt jede/r. Das Märchen handelt von einem Prinzen auf Brautsuche, der eine echte Prinzessin heiraten möchte. Als eine mögliche Kandidatin, die noch dazu angibt, Prinzessin zu sein, von einem Unwetter ins Schloss getrieben wird, darf sie dort übernachten. Die Königinmutter legt dem Mädchen eine einzelne Erbse unter zwanzig Matratzen und zwanzig Daunendecken. Eine echte Prinzessin würde die Erbse spüren. Das Mädchen beklagt sich am nächsten Tag über den schlechten Schlaf – Beweis für die edle Abstammung erbracht: Prinz heiratet Prinzessin.

Eine Art Pendant aus Griechenland ist *Der Mann mit der Erbse,* zumindest gibt es dort auch einen »Erbsentest«: Ein junger Mann bricht auf, um sein Glück zu suchen, und findet auf dem Weg eine Erbse. Er kalkuliert, wie viele Erbsen er im Laufe weniger Jahre aus der Saat der Erbse gewinnen kann, und wähnt sich bereits als reicher Mann mit riesiger Ernte. Er mietet 200 Schiffe, um seine künftige Habe zu transportieren. Der König erfährt von diesem Mann und bittet ihn als potenziellen Ehemann seiner Tochter ins Schloss. Er lässt ihn eine Nacht in Lumpen schlafen, die nächste Nacht in einem weichen Bett. Aus Angst, sein Hab und Gut – die eine Erbse nämlich – in den Lumpen zu verlieren, drückt der Mann kein Auge zu. Die zweite Nacht schläft er selig. Der Rest des Märchens zeugt eher von der Unredlichkeit und Dummheit des Mannes: Spät aber doch kommt er nämlich drauf, dass er nicht einmal ein Feld besitzt – die Erbse nützt ihm also nichts. Er möchte den bereits angeheuerten Schiffern entfliehen, die suchen ihn aber, finden ihn und einen Schatz und der Typ kehrt tatsächlich als reicher Mann zurück. Und heiratet natürlich die Königstochter. Gratulieren kann man ihr zu diesem Ehemann nicht.

Bei *Aschenputtel*, der Geschichte eines Halbwaisenkindes in einer Patchworkfamilie mit mieser Stiefmutter und ebensolchen Stiefschwestern, symbolisiert das Auslösen von Erbsen (und anderen Hülsenfrüchten) Redlichkeit versus Faulheit und Vergnügungssucht. Der König veranstaltet einen dreitägigen Ball, um eine geeignete Ehefrau zu finden, die Stiefschwestern gehen natürlich hin, Aschenputtel muss zuhause bleiben und Hülsenfrüchte auslösen (am dritten Tag sind es Erbsen). Sie ist aber flink und schnell fertig. Also wünscht sie sich vom Zauberbäumchen, das auf dem Grab ihrer leiblichen Mutter wächst, ein schönes Kleid und ebensolche Schuhe. Die bekommt sie – allerdings nur bis Mitternacht. Das Mädchen verlässt den Ball also jeweils vor Mitternacht, am letzten Abend ist sie spät dran und verliert einen Schuh. Der König ortet ihn als den seiner zukünftigen Frau und sucht sie. Die Stiefschwestern versuchen zwar, ihre Füße durch Fersen- bzw. Zehenamputation in den Schuh zu zwängen, der Prinz lässt sich aber nicht täuschen und heiratet letztlich Aschenputtel. Und wenn sie nicht gestorben sind …

Eine Hochzeit und abgeschnittene Gliedmaßen gibt es auch im *Räuberbräutigam.* Ein Müller verspricht seine Tochter einem Mann, dem das Mädchen nicht über den Weg traut – zurecht, wie sich herausstellt. Der Mann besteht darauf, dass die Müllerstochter ihn in seinem Haus im Wald besucht. Sie streut sicherheitshalber Erbsen und Linsen aus, um im Fall des Falles wieder nach Hause zu finden. Der Typ entpuppt sich als Räuberhauptmann, der mit seiner Bande Jungfrauen zerhackt und verspeist. Die Müllerstochter kann entkommen, nimmt zum Beweis den abgehackten Finger (samt Ring) eines anderen Mädchens mit und findet dank inzwischen gekeimter Linsen und Erbsen auch wieder nach Hause. Die Überführung des Räuberhauptmanns erfolgt spektakulär: Bei der Hochzeit, die trotz allem stattfindet, erzählt das Mädchen vor versammelter Hochzeitsgesellschaft inklusive Bräutigam die Geschichte, als ob sie diese geträumt hätte – und zeigt den abgehackten Finger her. Ergebnis: Ehemann in spe samt seiner Räuberbande wird »gerichtet«. Die Moral von der Geschicht: Hab bei ersten Dates immer getrocknete Hülsenfrüchte dabei.

Erbsen im Titel (und als Protagonisten) hat das Märchen *Fünf aus einer Schote* von Hans Christian Andersen. Fünf Erbsen in ihrer Hülse überlegen, was die Welt da draußen wohl zu bieten habe. Da platzt die Schote und ein Junge freut sich über die Erbsen für seine Knallbüchse. Er schießt alle Erbsen in die Luft, eine davon landet in einem moosbesetzten Spalt unter einem Dachkammerfenster. In der Dachkammer lebt eine arme Frau mit ihrer seit Jahren kranken Tochter. Eines Tages sieht das kranke Kind etwas Grünes durch die Scheibe – die Erbse hat gekeimt und ist eine kleine Pflanze geworden. An diesem »Garten« erfreut sich das Mädchen so sehr, dass es tatsächlich gesund wird. In diesem Sinne entpuppt sich die Erbse doch noch als Heilpflanze.

WOFÜR DIE ERBSE NOCH GUT IST

Als Größenangabe für »Geistesriesen«: *Erbsenhirn* ist selbsterklärend. Und wer etwas oder *einen an der Erbse hat*, ist nicht ganz dicht.

Als Charakterbeschreibung: Ein *Erbsenzähler* ist pedantisch, kleinlich und geizig. Der Begriff wurde bereits 1668 vom deutschen Schriftsteller Grimmelshausen in seinem berühmten Schelmenroman *Simplicius Simplicissimus* verwendet. Mehr als hundert Jahre später, 1796, tauchte das Wort in einem Wörterbuch als Synonym für Geizhals auf. Geizig blieb lange die Bedeutung, erst im 20. Jahrhundert wurden kleinliche und pedantische Menschen als Erbsenzähler tituliert.

Als Messinstrument: Karl Baedeker, seines Zeichens Herausgeber von heute noch bekannten Reiseführern, nahm es in seinen Büchern sehr genau. Beim Besteigen des Mailänder Doms blieb er angeblich alle 20 Stufen stehen und transferierte eine Trockenerbse von seiner Westen- in die Hosentasche, um im entsprechenden Reiseführer die exakte Stufenanzahl angeben zu können. Beim Abstieg machte er die Gegenprobe. Jacques Offenbach verewigte ihn in seiner Operette *La Vie Parisienne.* Aus der englischen Übersetzung:

Kings and governments may err,
but never Mr. Baedeker.

Und wenn die Baedeker-Geschichte nicht wahr ist, *ist mir das Erbse* – nämlich vollkommen egal.

REZEPTE

Die Rezepte sind klassisch – nach Vor-, Haupt- und Nachspeisen – angeordnet. Auf S. 57 finden Sie die Rezepte auch nach ihren Erbsen-Ausgangsprodukten sortiert.

Für die Entwicklung der Rezepte habe ich ausnahmslos Bio-Zutaten verwendet. Vor allem bei Obst und Gemüsen, deren Schalen ins Gericht kommen, ist das unerlässlich. Besonders dann, wenn Erbsenhülsen zu Pesto oder Suppe verarbeitet werden!

Spezielle Erbsen-Zutaten wie Erbsenmehl oder gefriergetrocknete Erbsen erhält man in Onlineshops. In Österreich gibt es eine Plattform namens myproduct.at, auf der regionale Produkte heimischer (meist kleiner) Produzenten vertrieben werden. Von dort beziehe ich etwa mein Erbsenmehl.

SALATE

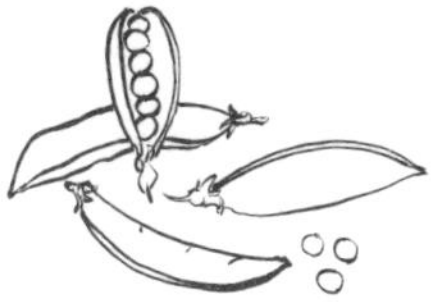

Rote-Rüben-Salat mit Erbsen-Miso-Dressing

Geht schnell, schmeckt gut und ist außergewöhnlich!

Für 2 Personen: 2 mittelgroße gekochte Rote Rüben (Rote Beten) • einige (wenn möglich Piemonteser) Haselnüsse zum Drüberstreuen • 50 g Erbsen (gekocht und kalt abgeschreckt) • 50 g Sauerrahm (Saure Sahne) • 2 TL mildes Miso

Rote Rüben in Scheiben schneiden. Haselnüsse hacken. Gekochte Erbsen, Rahm und Miso pürieren und als Dressing über die Roten Rüben gießen. Mit Haselnüssen bestreuen.

Wintersalat mit Erbsentrieben, Karotten und rosa Grapefruit

So schmeckt der Winter frisch!

Für 1–2 Personen: 4 mittelgroße Karotten • 1 Kästchen Erbsentriebe (= 1 gehäufte Handvoll) • 2 Stängel Petersilie • ½ rosa Grapefruit • 1 süße Mandarine oder Clementine • 1 TL Soja- oder Lupinensauce • 1 TL Sesamöl (geröstet) • 2 TL Olivenöl • Meersalzflocken • ggf. etwas Ahornsirup oder Honig

Karotten grob reiben. Erbsentriebe waschen und in mundgroße Stücke schneiden. Petersilienblätter grob hacken. Grapefruit waschen und etwas Schale dünn abschälen (ohne den weißen Teil, Sie brauchen 1 TL Grapefruitschale) und fein hacken. Die halbe Grapefruit filetieren und die Filets in Stücke schneiden. Karotten, Erbsentriebe, Petersilie, Grapefruitfilets und Grapefruitschale gut vermischen. Für die Marinade die Mandarine auspressen und mit Sesamöl sowie Olivenöl, Sojasauce und Salz vermengen. Sollte die Mandarine sauer sein, ggf. mit Honig oder Ahornsirup leicht süßen. Den Salat mit dem Dressing vermischen und abschmecken.

Zuckerschotensalat mit Mango und Frühlingszwiebeln

Einfach – und einfach gut. Frischer Geschmack und grüne Aromen. Die kräftige Süße der Mango und die dezente Süße der Zuckerschoten, die Schärfe der Jungzwiebeln, die Säure der Zitrone und die Salzflocken bieten einen guten Kontrast.

Für 2 Personen: 150 g Zuckerschoten • 1 Mango • ½ Bund Jungzwiebeln • 1 EL Olivenöl • 1 EL Zitronensaft • Meersalzflocken

Zuckerschoten putzen (Enden abschneiden und seitliche Fäden abziehen), ca. 3 Minuten blanchieren (bzw. auf gewünschte Festigkeit) und mit kaltem Wasser abschrecken. Dann schräg halbieren. Mangofleisch würfeln, Jungzwiebeln in feine Ringe schneiden. Zuckerschoten, Mango und Jungzwiebeln in einer Schüssel vermischen. Mit Olivenöl, Zitronensaft und Meersalzflocken marinieren und abschmecken.

Erbsen-Mango-Salat

Und nochmals die Kombination von Erbsen und Mango, weil die beiden so gut harmonieren. Hier ist es wichtig, dass die Mango sehr klein – etwa auf Erbsengröße – gewürfelt wird.

Für 1–2 Personen: 100 g grüne Erbsen • 100 g Mangofruchtfleisch • 2 EL Zitronensaft • 1 EL Olivenöl • Meersalzflocken • 1 Prise Chilipulver

Erbsen kochen und kalt abschrecken. Mango klein würfeln. Erbsen und Mangos vermengen. Die restlichen Zutaten verrühren und den Salat damit marinieren.

Sommerlicher Couscous-Salat mit gebratenen Zuckerschoten, Pistazien und Feta

Ein Muss ist hier der Schwarzkümmel! Knackige Nüsse erzeugen einen Texturkontrast. Die süßen Schoten harmonieren mit salzigem Käse und frischer Säure der Zitrone. Ein Salat, der sich als perfektes Mittagessen im Büro anbietet und lauwarm und kalt schmeckt.

Für 2 Personen: 100 g Vollkorncouscous • Salz • 100 g Zuckerschoten • 50 g Feta • 2 EL geröstete, ungesalzene Pistazienkerne • Olivenöl • 1 große Zitrone (4 EL Zitronensaft) • 1 TL Schwarzkümmel

Couscous mit 250 ml kochendem Wasser und etwas Salz übergießen und ziehen lassen. Etwas abkühlen lassen. Zuckerschoten putzen (Enden abschneiden und seitliche Fäden abziehen), schräg halbieren. Feta würfeln, Pistazien grob hacken. In einer Pfanne etwas Olivenöl erhitzen, die Zuckerschoten darin einige Minuten braten und dabei umrühren. Lauwarmen oder kalten Couscous, Zuckerschoten, Pistazien und Feta vermischen. Aus Zitronensaft, 1 EL Olivenöl, Schwarzkümmel und Salz eine Marinade herstellen und den Salat damit marinieren.

SUPPEN

Erbsen-Zuckermelonen-Gazpacho

Diese Suppe habe ich gleich ein zweites Mal gemixt, weil sie uns so gut geschmeckt hat.

Für 2 Personen: 200 ml Gemüsebrühe • 150 ml Grüntee (Sencha) • 200 g grüne Erbsen • 300 g Zuckermelone (Fruchtfleisch) • 2 EL Olivenöl • 2 EL Zitronensaft • Salz • Pfeffer

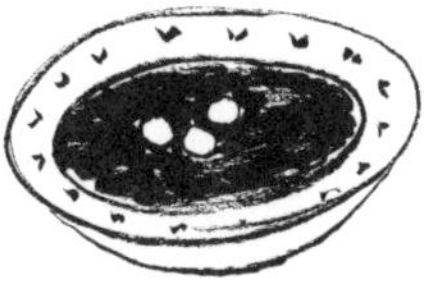

Gemüsebrühe und Grüntee zubereiten und abkühlen lassen. Erbsen kochen und kalt abschrecken, damit sie ihre grüne Farbe behalten. Melone in Stücke schneiden. Erbsen, Melone, Gemüsebrühe und Tee im Standmixer fein pürieren. Olivenöl, Zitronensaft, Salz und Pfeffer hinzufügen und die Suppe abschmecken. Kalt, aber nicht eiskalt essen.

Erbsen-Apfel-Suppe mit Mohncroûtons

Tolle Abwechslung im Winter!

Für 2 Personen: 1 mittelgroße gelbe Zwiebel • 1 kleine Kartoffel (ca. 60 g) • 1 Apfel (ca. 150 g) • 1 EL Olivenöl • 0,5 l Gemüsebrühe • 300 g junge Tiefkühlerbsen • 1 Zitrone • Salz • 75 g altbackenes Weißbrot • 1–2 EL Butter • 1 EL gemahlener Mohn

Zwiebel fein hacken, Kartoffel schälen und in kleine Würfel schneiden, Apfel schälen und ebenso würfeln. Olivenöl erwärmen, Zwiebel einige Minuten unter Rühren glasig dünsten. Kartoffel- und Apfelwürfel dazugeben, mit Brühe aufgießen. Etliche Minuten kochen lassen. 250 g Erbsen sowie etwas abgeriebene Zitronenschale hinzufügen und kochen, bis das Gemüse weich ist. Die restlichen 50 g Erbsen als Einlage in Salzwasser kochen und abschrecken. Die Suppe pürieren und abschmecken. Weißbrot würfeln. In einer Pfanne die Butter schmelzen, Mohn unterrühren und die Croûtons darin anrösten. Suppe evtl. nochmals sanft erwärmen und mit Mohncroûtons und Erbsen als Einlage genießen.

Schnelle Erbsensuppe mit Gorgonzola und Salbei

Für mich war diese Suppe jahrelang DAS Erbsengericht, das ich zuhause gekocht und ins Büro mitgenommen oder dort zubereitet habe (zeitlich geht sich das in jeder Mittagspause aus, aber es ist natürlich auch eine Frage der Infrastruktur einer Büroküche). Die Suppe sättigt und bringt, zusammen mit Brot oder Gebäck, wunderbar durch den Tag.

Für 2 Personen: 1 gelbe Zwiebel • 1 EL Rapsöl • 300 g Erbsen • knapp 0,5 l Gemüsebrühe • 60 g Gorgonzola • 5 Salbeiblätter • Pfeffer

Zwiebel fein hacken und in Rapsöl einige Minuten unter Rühren glasig anschwitzen. Mit der Brühe aufgießen und die Erbsen hinzufügen. Kochen, bis die Erbsen weich sind. Gorgonzola würfeln, Salbeiblätter hacken und beides zur Suppe geben, Pürieren und mit Pfeffer abschmecken. Wer sie ganz fein möchte, streicht die Suppe nach dem Pürieren durch ein Sieb.

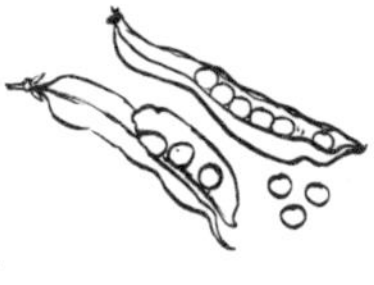

Gelbe Spalterbsensuppe mit Butternusskürbis und Kokos

Halbe Erbsen – ganze Sache.

Für 4 Personen: 200 g gelbe Spalterbsen • 1 gelbe Zwiebel • 2 EL Rapsöl • 1 Stück Ingwer (gehackt 1 gehäufter EL) • 1 TL Kreuzkümmel (gemörsert) • 1 l Gemüsebrühe • 1 TL Kurkuma • 5 Pimentkörner (gemörsert) • 1 Zimtstange • 300 g Butternusskürbis • 150 g Kokosmilch • 50 ml Apfelsaft • 2 EL Zitronensaft • 1 TL Garam Masala • 1–2 Msp. Vanillepulver • Salz • optional: Kokosflocken zum Bestreuen

Spalterbsen über Nacht einweichen, abtropfen lassen. Zwiebel fein hacken, in Rapsöl einige Minuten bei mittlerer Hitze unter Rühren anbraten. Ingwer und Kreuzkümmel hinzufügen, kurz mitbraten, mit Gemüsebrühe aufgießen. Spalterbsen, Kurkuma, Piment und Zimtstange dazugeben und die Suppe 30 Minuten köcheln lassen. In der Zwischenzeit den Butternusskürbis in Würfel schneiden und nach den 30 Minuten zur Suppe geben, weitere 15 Minuten kochen lassen. Zimtstange entfernen. Kokosmilch, Apfelsaft, Zitronensaft, Garam Masala und Vanillepulver beifügen und die Suppe pürieren. Mit Salz abschmecken. Ggf. im Teller mit Kokosflocken bestreuen.

Schwarzwurzelcremesuppe mit Knuspererbsen

Knuspererbsen sind gefriergetrocknete grüne Erbsen. Man kann sie wie Backerbsen in eine Suppe streuen, wo sie sich langsam mit der Flüssigkeit ansaugen.

Für 3 Personen: 400–500 g Schwarzwurzeln (= 250 g geschält) • 1 Zitrone • etwas Mehl • 1 Zwiebel • 2 EL Rapsöl • 600 ml Gemüsebrühe • 50 ml Schlagobers (Schlagsahne) • 100 ml Milch • 4 TL gefriergetrocknete Erbsen

Schwarzwurzeln schälen, in Stücke schneiden und sofort in Wasser mit etwas Mehl und Zitronensaft legen, um das Bräunen zu verhindern. Zwiebel fein hacken, in Rapsöl bei mittlerer Hitze einige Minuten glasig dünsten. Schwarzwurzeln, Brühe, etwas Zitronenschale und 1 EL Zitronensaft beifügen und kochen, bis die Wurzeln weich sind. Obers und Milch dazugeben und fein pürieren. Auf Teller verteilen und pro Teller unmittelbar vor dem Verzehr 1 TL gefriergetrocknete grüne Erbsen als Einlage geben (sie sind leicht und gehen nicht unter).

Erbsenschöberl als Suppeneinlage

Schöberl kann man auch einfrieren – aber sie schmecken so gut, dass es gar nicht so weit kommt! Meine kleine Tochter hat einige davon bereits vor der Suppe mit großem Genuss verzehrt. Schmeckt in einer klaren Gemüsesuppe mit Karotten, Fenchel, und – na klar – Erbsen!

Für 1 Backblech: 2 Eier • 1 Prise Salz • 2 EL Schlagobers (Schlagsahne) • 20 g grünes Erbsenmehl • 20 g Weizenmehl universal • 1 EL Parmesan (gerieben)

Backofen auf 190 °C Umluft vorheizen. Eier trennen, Eiweiß mit Salz zu steifem Schnee schlagen. Eigelb und flüssiges Obers vorsichtig unterrühren. Erbsenmehl, Weizenmehl und Parmesan vermengen und unter die Ei-Masse heben. Fingerdick auf ein mit Backpapier ausgelegtes Blech streichen und 9 Minuten backen. Auskühlen lassen, dann Umdrehen und wie bei einer Roulade das Backpapier abziehen. Die Schöberl werden traditionell in Rauten geschnitten.

Erbsenhülsensuppe mit Erdnussmus

Ein Pot voll Pods! Da man bei vielen Rezepten nur Erbsen, nicht aber die Schoten verwendet, habe ich in dieser Gourmandise ein paar Rezepte aufgenommen, in denen die übriggebliebenen, leeren Schoten verwendet werden. Eins davon ist dieses hier. Wie bei der Zubereitung von Zuckerschoten muss man auch bei den Schoten der Markerbsen unbedingt Fäden ziehen, weil sie sehr faserig sind. Auch sollte man die Suppe nach dem Pürieren durch ein feines Sieb streichen. So erzeugt die Suppe ein samtiges Mundgefühl.

Für 3 Personen: 1 Bund Jungzwiebeln • 1–2 EL Rapsöl • 650 ml Gemüsebrühe • 200 g geschälte Kartoffel • 100 g geputzte, leere Erbsenschoten • 1 EL Erdnussmus • einige Spritzer Zitronensaft

Jungzwiebeln in feine Ringe schneiden und in Rapsöl einige Minuten glasig dünsten. Mit Brühe aufgießen. Kartoffel würfeln, die Erbsenhülsen in Stücke schneiden und beides zur Suppe geben. Kochen, bis die Hülsen weich sind. Erdnussmuss und Zitronensaft beifügen und die Suppe fein pürieren. Durch ein Sieb streichen, um die Fasern zu entfernen, und abschmecken.

KALTE UND WARME IMBISSE UND SNACKS

Fawa mit Kapern und Röstzwiebeln

Fawa oder *Fava* hat nichts mit Favabohnen, also Ackerbohnen, zu tun, sondern ist eine Vorspeise aus der griechischen Küche. Der Aufstrich wird aus gelben Spalterbsen hergestellt. Ursprünglich stammt das Gericht aus Santorin, wo die Erbsen angebaut werden. Fawa wird mit Röstzwiebeln bestreut serviert und warm oder kalt gegessen. Auf Kreta habe ich Fawa immer mit gerösteten Zwiebeln und Kapern bekommen. Eine wunderbare Alternative zum ubiquitär vorhandenen Hummus (den ich allerdings auch gerne mag).

150 g gelbe Spalterbsen • 50 g Olivenöl • 1 EL Zitronensaft • Salz • Pfeffer • 1 große Zwiebel • Kapern

Spalterbsen über Nacht einweichen. Wasser abgießen, Erbsen abspülen und in frischem Wasser kochen, bis sie weich sind. Überschüssiges Kochwasser abgießen und die Erbsen auskühlen lassen. Mit 30 g Olivenöl, Zitronensaft, Salz und Pfeffer pürieren. Zwiebel fein hacken und im restlichen Öl rösten. Gebratene Zwiebel und Kapern auf das Erbsenpüree geben.

Grüne Erbsen-Guacamole

Durch den Apfelsaft ist dies eine fruchtige Variante der Guacamole und nahrhaft, ohne üppig zu sein. Prima fürs Picknick!

100 g gekochte grüne Spalterbsen (ca. 50 g roh) • 100 g Avocado-Fruchtfleisch • 2 EL Zitronensaft • 40 g naturtrüber Apfelsaft • 1 kleiner Bund Korianderblätter • Salz

Alle Zutaten pürieren und abschmecken.

Crostini mit Erbsen und Erdbeeren

Als Starter oder Jause. Schnell, aber oho.

Für 12 Crostini: 12 Scheiben Baguette • einige TL weißes Mandelmus • 100 g Erbsen • 75 g Ziegenfrischkäse • Salz • Pfeffer • 100 g Erdbeeren • 1 Spritzer Zitronensaft • 1 TL Olivenöl • Meersalzflocken

Backofen auf 180 °C Ober-/Unterhitze vorheizen. Baguettescheiben dünn mit Mandelmus bestreichen und im heißen Ofen einige Minuten knusprig rösten. In der Zwischenzeit die Erbsen in Salzwasser kochen und kalt abschrecken. Erbsen mit dem Ziegenfrischkäse pürieren und mit Salz und Pfeffer abschmecken. Erdbeeren je nach Größe vierteln oder achteln, mit etwas Zitronensaft, Olivenöl und Meersalz marinieren. Erbsenmus auf den Baguettescheiben verteilen und mit den Erdbeerstücken belegen.

Farinata

Farinata ist ein Imbiss von der ligurischen Küste, der traditionell aus Kichererbsenmehl hergestellt wird. Ich habe eine Variante mit grünem Erbsenmehl probiert – sie hat uns überzeugt.

Für 4 Personen: 150 g grünes Erbsenmehl • 500 ml Wasser • 50 g plus 1 EL Olivenöl • ½ TL Salz • 1 Stange Lauch

Erbsenmehl und Wasser mit dem Handrührgerät gut mixen. (Es entsteht eine dünne, suppige Masse.) 50 g Öl und Salz beifügen und im Kühlschrank mindestens 1 Stunde rasten lassen. Backofen auf 230 °C Ober-/Unterhitze vorheizen. Lauch in feine Ringe schneiden und in 1 EL Öl anschwitzen. Masse nochmals gut verrühren und auf ein gefettetes Blech gießen. (Man kann sich zu diesem Zeitpunkt kaum vorstellen, dass das jemals fest wird.) Nach ca. 15 Minuten Backzeit ist die Oberfläche erstarrt. Lauch darauf verteilen, fertig backen. Insgesamt ca. 20–30 Minuten Backzeit. Herausnehmen und ein paar Minuten stehen lassen, dann kann man die Farinata besser schneiden und vom Blech nehmen.

Samosa

Da ich nicht gerne frittiere, greife ich für die indischen Teigtaschen auf Blätterteig zurück und backe sie im Ofen.

Für 12 Stück: ½ Zwiebel • 1 EL Rapsöl • 300 g gekochte und geschälte Kartoffeln • 100 g Erbsen • 1 Zitrone • 1 gestrichener TL frisch geriebener Ingwer • ½ TL Kreuzkümmelsamen • ½ TL Koriandersamen • ½ TL Garam Masala • Salz • 200 g Blätterteig • 1 Eigelb

Ofen auf 220 °C Ober-/Unterhitze vorheizen. Für die Füllung die Zwiebel fein hacken und im Öl glasig dünsten. Gekochte Kartoffeln in kleine Würfel schneiden. Erbsen kochen und kalt abschrecken. Schale von ¼ Zitrone abreiben und Saft auspressen. Kreuzkümmel und Koriandersamen trocken rösten und mörsern. Zwiebeln, Kartoffeln, Erbsen, Zitronenschale, Ingwer, 2 EL Zitronensaft, Koriander, Kreuzkümmel, Garam Masala und Salz vermengen und abschmecken. Den Blätterteig ausrollen, 12 Quadrate schneiden, jeweils etwas Füllung draufsetzen und zu Dreiecken zusammenklappen. Mit Eigelb bestreichen und ca. 12 Minuten backen.

Ofenricotta mit Erbsenschotenreduktion

Dieses Gericht vereint zwei spannende Zubereitungsschritte: das Entsaften und das Einreduzieren. Ein Highlight für Gäste – und gut vorzubereiten.

Für 2 Personen: 250 g Ricotta • 2 TL Olivenöl plus Öl für die Form • Meersalzflocken • leere Erbsenhülsen von 500 g Erbsen in der Schote

Backofen auf 200 °C Ober-/Unterhitze vorheizen. Zwei kleine, flache Backförmchen mit Öl bepinseln. Ricotta hineinstreichen, mit je 1 TL Olivenöl beträufeln und salzen. Im Ofen ca. 35 Minuten backen, bis der Käse einen leicht bräunlichen Rand bekommt. In der Zwischenzeit die Erbsenschoten entsaften. Wenn der Käse fertig ist, aus dem Ofen nehmen. Den Saft in einem Kochtopf ordentlich aufwallen lassen und wenige Minuten einkochen. Aus ca. 80 ml Saft entstehen etwa 2 EL Reduktion. Diese als grüne Farbkleckse auf den Ricotta träufeln.

Erbsen-Kren-Aufstrich

Im Herbst und beginnenden Winter, wenn die jährliche Erkältungswelle anrollt, ist Kren (Meerrettich) *das* bewährte Hausmittel schlechthin. Er wird naturheilkundlich bei Grippe, Husten und sogar Harnwegsinfekten eingesetzt, wirkt gegen Bakterien, Viren und Pilze. Umso schöner, dass er auch noch gut schmeckt und mit Erbsen harmoniert! Dieser Aufstrich passt am besten zu einem rustikalen Natursauerteigbrot.

150 g gekochte Erbsen • 100 g Frischkäse (70% F.i.T.) • 2 TL geriebener Kren (bzw. je nach gewünschter Schärfe • 2 Msp. gemahlener Kümmel • Meersalzflocken • 1 Spritzer Apfelessig

Erbsen kochen und kalt abschrecken. Alle Zutaten zu einer cremigen Masse pürieren und mit den Gewürzen sowie Essig abschmecken.

Stir-fry mit Tannenwipfel-Teriyakisauce

Japanische Teriyakisauce wird aus Sojasauce und Reiswein hergestellt. Fleisch, Fisch oder Gemüse wird darin mariniert und gebraten oder geschmort. Dieses Rezept ist quasi austro-japanische Fusion-Küche. Die leicht harzige Note des Tannenwipfelgelees harmoniert perfekt mit den Zuckerschoten. Tannenwipfelgelee kann man entweder im Frühling selbst einkochen oder auf Märkten kaufen. Unbedingt probieren!

Für 2–3 Personen: 250 g Zuckererbsen • ½ Bund Jungzwiebeln • 1 rote Spitzpaprika • 200 g Tofu natur • etwas Mehl zum Wenden • 60 ml Sojasauce • 1 EL geröstetes Sesamöl • 1 TL frisch gehackter Ingwer • Rapsöl • 2 EL Tannenwipfelgelee

Zuckerschoten putzen (Enden abschneiden und seitliche Fäden abziehen), schräg halbieren. Jungzwiebeln in feine Ringe schneiden. Paprikaschote halbieren, Scheidewände und Samen entfernen und Fruchtfleisch in feine Streifen schneiden. Tofu in kleine Würfel schneiden und in etwas Mehl wenden. In einem kleinen Kochtopf Sojasauce, Sesamöl, 1 EL Wasser und Ingwer vermischen, aufkochen und kurz köcheln lassen. Vom Herd nehmen. Etwas Rapsöl in 2 separaten Pfannen erhitzen. In einer Pfanne Jungzwiebeln, Paprika und Zuckerschoten unter Rühren braten. In der zweiten Pfanne den Tofu knusprig braten. Tannenwipfelgelee in die Teriyakisauce einrühren. Gemüse und Tofu mit der Teriyakisauce übergießen. Dazu passt Basmatireis.

Melanzani-Erbsen-Curry

Ich bin auch Autorin der Auberginen-Gourmandise. Was liegt also näher, als Melanzani und Erbse zu vereinen – am besten in Form eines leichten Currys.

Für 2 Personen: 1 Zwiebel • 1 Jungzwiebel • 1 Stück Ingwer (gehackt 1 EL) • 1 Melanzani (Aubergine, 250 g) • 2 EL Rapsöl • ½ TL Kreuzkümmelsamen • ½ TL braune Senfsamen • 150 g passierte Tomaten (Dose) • ½ TL Kurkuma • 1 Prise Pfeffer • 1–2 Msp. gemahlener Chili • 1 große Kardamomkapsel (violett; die Farbe – es gibt grüne, violette und schwarze Kapseln – macht einen Unterschied im Geschmack, ausprobieren lohnt sich) • Salz • 150 g grüne Erbsen (frisch oder TK) • 1 TL Garam Masala • 2 EL Zitronensaft • frischer Koriander

Zwiebel, Jungzwiebel und Ingwer fein hacken. Melanzani in dünne Scheiben schneiden und diese weiter vierteln bis sechsteln. Öl in einem Topf erhitzen, Zwiebel, Jungzwiebel und Ingwer einige Minuten glasig andünsten, Kreuzkümmel und Senfsamen (ungemörsert) dazugeben und kurz mitbraten. Mit passierten Tomaten und 300 ml Wasser aufgießen. Melanzani sowie Kurkuma, Pfeffer, Chili, Kardamom und Salz beifügen. Wenn die Melanzani weich sind, Erbsen und Garam Masala zum Curry geben. Garen, bis die Erbsen weich sind. Mit Zitronensaft abschmecken und mit frisch gehacktem Koriander bestreuen. Dazu passt Basmatireis.

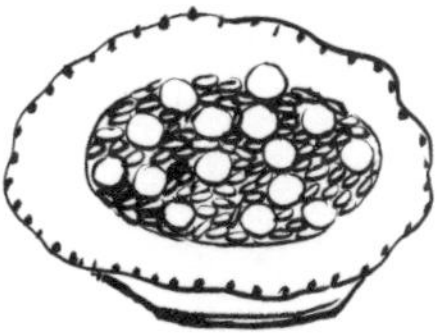

Erbsen-Frittata

Was die Tortilla in Spanien, ist die Frittata in Italien. Sie wird langsam und bei nicht allzu großer Hitze in der Pfanne gebacken. Die Hitze zieht nach oben, die Frittata muss daher nicht zwingend gewendet werden. Diese Variante mit Erbsen und Kurkuma leuchtet besonders schön. Dazu schmeckt Brot, Salat oder Zuckermelone.

Für 2 Personen: 150 g Erbsen • 3–4 Eier • 75 g Joghurt • ¼ TL Kurkuma • Salz • Pfeffer • einige Blätter Minze (gehackt) • Butter oder Rapsöl für die Pfanne

Erbsen in Salzwasser kochen und kalt abschrecken. Eier, Joghurt, Kurkuma, Salz, Pfeffer und Minze verrühren. Butter oder Öl in einer nicht allzu großen Pfanne erhitzen. Masse in die Pfanne gießen, Erbsen darauf verteilen und die Frittata in der Pfanne stocken lassen.

Erbsenrisotto mit Zitronenmelisse und Pinienkernen

Risi e bisi und ein entscheidendes Bisschen mehr. Und für vegan lebende Menschen: Dieses Gericht folgt dem Prinzip *a grain, a green and a bean* – Reis, Kräuter, Erbse.

Für 2 Personen: ½ gelbe Zwiebel • 1 EL Olivenöl • 150 g Rundkornreis/Risttoreis • 200 g Erbsen (frisch ausgelöst oder tiefgekühlt) • Gemüsebrühe • ½ TL abgeriebene Zitronenschale • 2 EL Pinienkerne • ca. 30 Blättchen Zitronenmelisse • 1 EL Zitronensaft

Zwiebel fein hacken und in Olivenöl glasig andünsten. Reis beifügen und kurz mitdünsten. In Etappen mit Gemüsebrühe aufgießen und gelegentlich umrühren, Zitronenschale mitkochen. Erbsen im Laufe des Kochvorgangs später zum Reis geben (frische Erbsen brauchen meist 8–10, Tiefkühlerbsen 4–5 Minuten).

Pinienkerne in einer Pfanne trocken rösten, bis sie Farbe annehmen und duften. Zitronenmelissenblättchen fein hacken. Melisse und Zitronensaft ins fertige Risotto einrühren und abschmecken. Mit gerösteten Pinienkernen bestreuen.

Grüne Tagliatelle mit Erbsenmehl

Der Teig hat wunderbare Verarbeitungseigenschaften! Roh riecht er sehr intensiv erbsig, gekocht ist das Erbsenaroma dezent. Mit Pesto (siehe nachfolgende Rezepte) und geriebenem Parmesan ein wunderbares Essen.

Für 3 Personen: Teig: 100 g Weizenmehl universal plus etwas zum Kneten und Ausrollen • 100 g grünes Erbsenmehl • 2 Eier • 2 EL Rapsöl • 2 EL Wasser • ½ TL Salz

Alle Zutaten gut verkneten und 30 Minuten rasten lassen. Dünn ausrollen und in Streifen schneiden oder durch eine Nudelmaschine ziehen. 2 Minuten kochen.

Zitroniges Pesto mit Erbsentrieben

Ein erfrischendes hellgrünes Pesto, das auch Kindern schmeckt.

Für 2 Personen: 1 Kästchen Erbsentriebe (ca. 1 Handvoll) • 1 Kästchen Kresse • 35 g Cashewkerne • ½ TL abgeriebene Zitronenschale • 1 EL Zitronensaft • 1 EL Apfelsaft • 1 EL Rapsöl • Salz

Alle Zutaten im Cutter zu einer feinen Paste pürieren.

Pea Pod Pesto

Erbsenschoten sind faserig, das Pesto sollte daher sehr fein püriert werden.

Für 2 Personen: 35 g leere Erbsenschoten (geputzt, also Enden abgeschnitten, seitliche Fäden abgezogen) • 15 g Petersilie • 20 g Haselnüsse • 1 TL Zitronensaft • 2–3 EL Olivenöl • Salz

Alle Zutaten im Cutter zu einer feinen Paste pürieren.

Bunter Erbseneintopf aus dem Ofen

Ich könnte den Eintopf auch Kriseneintopf nennen, da ich ihn während des *Corona Lock Down* gekocht habe. Er ist praktisch, weil die Zutaten gut lagerfähig sind: trockene grüne Spalterbsen, Wurzelgemüse, Zwiebel, Knoblauch, Tomaten aus der Dose. Einzig die Spitzpaprika ist nicht lange lagerfähig, aber irgendwann muss man auch zu Krisenzeiten einkaufen gehen. Warum er aber noch zu Corona passt: Das Garen im Ofen dauert eine Zeit lang, ist also nicht ideal, wenn man abends hungrig nach Hause kommt. Ist man hingegen zuhause, macht diese Wartezeit, in der man sich nicht um den Eintopf kümmern muss, nichts aus. Nicht einmal umrühren ist nötig. Und er schmeckt! Mein Tipp: Wenn Sie grüne Spalterbsen vorkochen, kochen Sie gleich mehr und bereiten aus dem Rest die Avocado-Erbsen-Guacamole auf S. 41 zu.

Für 2 Personen: 100 g grüne getrocknete Spalterbsen (ersatzweise gelbe) • 2 kleine Zwiebeln • 2 Knoblauchzehen • 1 rote Spitzpaprika • 200 g Karotten (geschält) • ½ kleine Sellerieknolle (200 g geschält) • 1 Dose Tomaten • 3 EL Olivenöl • Salz • Pfeffer

Erbsen waschen und über Nacht (etwa 12 Stunden) in Wasser einweichen. Einweichwasser abgießen und die Erbsen in frischem Wasser weich kochen. Kochwasser abgießen. Backofen auf 180 °C Ober-/Unterhitze vorheizen. Zwiebeln und Knoblauch fein hacken, Spitzpaprika entkernen und in kleine Würfel schneiden, Karotten im Cutter stark zerkleinern oder reiben, Sellerie in feine kleine Stifte schneiden. Tomaten aus der Dose mit Olivenöl, Salz und Pfeffer pürieren. Zwiebel, Knoblauch, Paprika, Karotten, Sellerie, Erbsen und Tomatensauce in eine Auflaufform gießen, ca. 100 ml Wasser zugießen, gut umrühren und in den Ofen schieben und 45–60 Minuten garen. Dazu schmeckt Reis.

Zwei von der Erbse (Beilage)

Für 2 Personen: 200 g frische Erbsen oder Tiefkühlerbsen • 150 g Joghurt • 15 Stängel Koriandergrün (1 Handvoll) • Salz • 1 Zitrone • 100 g Zuckerschoten • Olivenöl • Meersalzflocken

Erbsen kochen und kalt abschrecken. Mit Joghurt, Koriander, Salz, 2 Msp. abgeriebener Zitronenschale und 2–3 Spritzern Zitronensaft vermengen, pürieren und abschmecken. Zuckerschoten putzen (Enden abschneiden, seitliche Fäden abziehen) und einmal schräg halbieren. Öl in einer Pfanne erhitzen, Zuckerschoten unter Wenden einige Minuten braten, bis sie durch sind. Mit Meersalzflocken bestreuen. Das abgekühlte Erbsenmus auf Tellern verteilen und die warmen Zuckerschoten darüberstreuen.

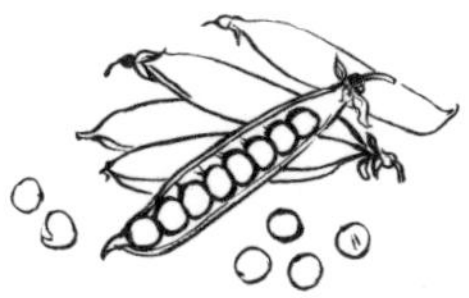

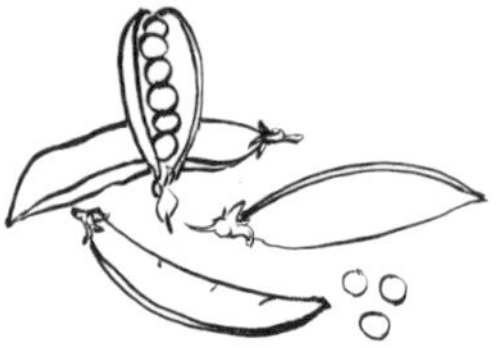

Scones

Scones liebe ich, seit ich in England gelebt habe. Ich muss Sie aber vorwarnen: Erbsenmehl duftet, sobald es mit Flüssigkeit in Kontakt kommt, sehr grün-grasig-erbsig. Und das ist nicht der Geruch, den man mit süßem Gebäck assoziiert, das man mit *clotted cream* (ein dicker Rahm mit mascarponeartiger Konsistenz, eine englische Spezialität) oder Butter und Marmelade verspeist. Ich habe bei der Entwicklung dieser Rezeptur gleich einen zweiten Teig gemacht mit weniger Erbsenmehlanteil, ohne das Ergebnis des ersten abzuwarten. Im fertig gebackenen Zustand war von der grasigen Note nichts mehr vorhanden. Der Teig mit höherem Erbsenmehlanteil – also mein erster Versuch – war zudem farblich innen sehr dezent, aber keineswegs stark grün. Auch wenn die Scones etwas weniger aufgegangen sind als jene mit höherem Weizenmehlanteil, war der Geschmackstest eindeutig. Das Erbsenmehl verleiht dem Gebäck einfach eine Komplexität, die Gebäck aus reinem Weizenmehl nicht hat. Alle drei Personen im Haushalt, Mann, Kleinkind und ich, haben die Variante mit höherem Erbsenmehlanteil bevorzugt.

Für ca. 10 Scones: 75 g Weizenmehl universal plus etwas zum Kneten und Ausrollen • 75 g Weizenvollkornmehl • 100 g grünes Erbsenmehl • ½ Päckchen Weinsteinbackpulver • 30 g Butter • 1 Prise Salz • 200 g Buttermilch • 1 EL Honig • 3 EL Rosinen

Weizenmehl, Weizenvollkornmehl, Erbsenmehl, Salz und Backpulver gut vermischen. Die kalte Butter klein würfeln und unter das Mehl kneten. Buttermilch, Honig und Rosinen beifügen und alles zu einem Teig mischen, diesen aber nicht kneten. Es genügt, wenn alle Zutaten gut vermengt sind. Flach drücken und 15–20 Minuten ruhen lassen. In der Zwischenzeit den Backofen auf 200 °C Ober-/Unterhitze vorheizen. Dann den Teig 2 cm dick ausrollen und Kreise ausstechen. Teigreste verkneten und erneut ausstechen. Alle Scones auf ein mit Backpapier ausgelegtes Blech legen und ca. 15 Minuten backen, bis sie goldbraun sind. Warm oder kalt genießen.

Erbsengrissini

Grissini sind superschnell gemacht, schmecken gut – und ja, auch für Kleinkinder ist das Rezept geeignet. Meine Tochter liebt sie. Der Teig ist grün, die gebackenen Grissini aber beige mit leichtem Grünstich.

Für 2 Backbleche: 150 g Weizenmehl universal plus etwas Mehl zum Kneten und Ausrollen • 100 g grünes Erbsenmehl • ½ Päckchen Trockenhefe • 1 gestrichener TL Jodsalz • 2 EL Olivenöl • 2 EL Hanfsamen zum Bestreuen (ersatzweise Sesam oder andere Ölsaat)

Weizenmehl, Erbsenmehl, Trockenhefe und Salz gut vermischen. 125 ml Wasser und das Öl dazugeben und zu einem geschmeidigen Teig verkneten. Zugedeckt 45 Minuten rasten lassen. Den Teig nochmals kneten und mit dem Nudelholz etwa 7,5 mm dick ausrollen. Teigplatte abdecken und weitere 10–15 Minuten gehen lassen. In der Zwischenzeit Backofen auf 200 °C Ober-/Unterhitze vorheizen. Teig in Streifen schneiden und auf mit Backpapier ausgelegte Bleche legen. Mit Wasser bepinseln und mit Hanfsamen bestreuen. Ca. 15 Minuten backen.

SÜSSES: DESSERTS, KUCHEN, KEKSE

Erbsen-Zitronen-Tiramisu

Die grüne Erbsennote wird durch das Aroma der Zitronenschale und die Säure des Zitronensafts sehr erfrischend.

Für eine Form von 20 x 13 cm: 1 EL getrocknete Zitronenverbeneblätter • 150 g frische Erbsen oder tiefgekühlt • 150 g Mascarpone • 150 g Topfen (Quark) • 50 ml Milch • 50 g Akazienhonig • 1 EL Vanillezucker • 1 EL Kristallzucker (Haushaltszucker) • 1 Zitrone • ca. 25 Biskotten (Löffelbiskuits)

Zitronenverbeneblätter brechen und mit 200 ml kochendem Wasser aufgießen, den Tee 5 Minuten ziehen lassen und abgießen. Erbsen kochen und sofort kalt abschrecken. Mascarpone, Topfen, Milch, Honig, Vanillezucker, Zucker und Erbsen vermischen und mit dem Pürierstab fein pürieren. Zitronenschale abreiben und etwa ½ TL Zitronenschale zur Erbsencreme geben. Halbe Zitrone auspressen und den Saft zur Masse geben. Biskotten kurz in den Zitronenverbenetee tauchen, eng in eine Form nebeneinanderlegen. Mit einer Schicht Erbsencreme bedecken. Vorgang wiederholen, mit Creme abschließen (ergibt je 3 Lagen). Tiramisu kühl stellen, es kann nach 2–3 Stunden gegessen werden.

Kalte Liebe – Erbseneis mit Himbeeren

Tiefkühlerbsen sind hier nicht das Gebot der Stunde, da sie ja aufgetaut, gekocht und wieder eingefroren würden. Genießen Sie die Kalte Liebe zur Frische-Erbsen-Zeit.

Für 4 Kugeln: 90 g frische, gekochte und kalt abgeschreckte Erbsen • 100 g griechisches Joghurt (10 % Fett) • 70 g Staubzucker • 75 g Schlagobers (Schlagsahne) • 125 g Himbeeren

Erbsen, Joghurt und Staubzucker glatt pürieren. Schlagobers steif schlagen und unter die Erbsenmasse heben. In einer Eismaschine gefrieren. Alternativ im Gefrierfach frieren und alle 15 Minuten umrühren, damit sich keine großen Kristalle bilden. Mit Himbeeren garnieren.

Erbsen-Kokos-Parfait mit Tahitivanille

Tahitivanille ist sensorisch komplexer als Bourbonvanille, sie bringt auch Anisnoten ein. Wer keine Tahitivanille auftreibt, kann natürlich Bourbonvanille verwenden.

Für eine Form von ca. 16 x 11 cm: 100 g gekochte und kalt abgeschreckte Erbsen • 100 g Kokosmilch • 55 g Kristallzucker (Haushaltszucker) • 1 Tahitivanilleschote • 75 g Schlagobers (Schlagsahne)

Erbsen, Kokosmilch, Zucker und das ausgekratzte Mark der Vanilleschote gemeinsam fein pürieren. Schlagobers aufschlagen und unter die Erbsenmasse ziehen. Die Form mit Frischhaltefolie auslegen, die Parfaitmasse eingießen und zugedeckt im Gefrierschrank durchfrieren lassen.

Vegane Mousse au chocolat

Ich muss zugeben, dass ich mich eine Weile gesträubt habe, eine Mousse mit dem Abtropfwasser von Dosenerbsen zu versuchen. Ganz einfach, weil ich keine Dosenerbsen mag. Aber ich war überrascht, wie gut sich das *Aquafaba* – zu deutsch Bohnenwasser, in diesem Fall Erbsenwasser – wie Eiweiß zu Schnee aufschlagen lässt. Er besteht den »Umgedrehte-Schüssel-Test« mühelos. Durch die Verwendung von dunkler Schokolade, Kokosmilch, Gewürzen und Ahornsirup wird der erbsige Geschmack völlig überdeckt.

Für 2 Personen: 60 g dunkle Schokolade (85 %) • 3 EL Kokosmilch • je 2 ordentliche Msp. Zimt-, Kardamom- und Vanillepulver • 4 TL Ahornsirup • 60 g Abtropfwasser von Dosenerbsen • ⅓ TL Weinsteinbackpulver • ½ TL Zitronensaft

Schokolade brechen und mit der Kokosmilch langsam schmelzen. Gewürze und Ahornsirup hinzufügen und glatt rühren. Erbsenwasser mit Backpulver und Zitronensaft vermischen und mit dem Mixer steif aufschlagen. Die nicht mehr heiße Schokoladenganache löffelweise unterheben. In verschließbare Gläschen füllen und einige Stunden in den Kühlschrank stellen.

Und die abgetropften Erbsen? Backen Sie dunkle Gemüse-Weckerl (also Brötchen) mit Nüssen, gekochten Karottenstücken, Pastinaken und Erbsen im Teig. Der typische Dosenerbsen-Geschmack wird nicht verschwinden, aber tolerabel sein.

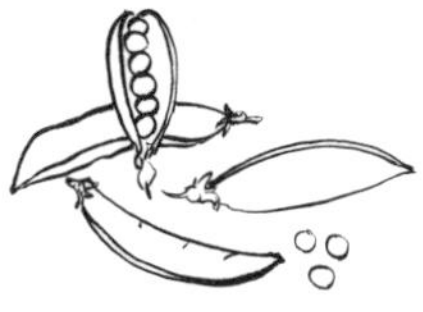

EVA DERNDORFER

ist selbstständige Ernährungswissenschaftlerin und Spezialistin im Bereich der Lebensmittelsensorik. Die Autorin zahlreicher Fach-, Sach-, Kinder- und Kochbücher hält Sensorikschulungen und Genussworkshops. Im Mandelbaum Verlag ist sie Autorin der Gourmandisen »Melanzane / Aubergine« und »Vanille«.

www.evaderndorfer.at

DANKE

Andreas Baierl, Michael Baiculescu, Inge Fasan

LITERATURQUELLEN

zu diesem Buch fiden Sie unter
www.evaderndorfer.at/Buch-Erbse.html

REZEPTLISTE NACH ERBSEN-ZUTAT

Erbsen, frisch oder tiefgekühlt, ausgelöst

Rote-Rüben-Salat mit Erbsen-Miso-Dressing
Erbsen-Mango-Salat
Erbsen-Zuckermelonen-Gazpacho
Erbsen-Apfel-Suppe mit Mohncroûtons
Schnelle Erbsensuppe mit Gorgonzola und Salbei
Crostini mit Erbsen und Erdbeeren
Erbsen-Frittata
Samosa
Melanzani-Erbsen-Curry
Erbsenrisotto mit Zitronenmelisse und Pinienkernen
Pea Pod Pesto (aus frischen Erbsenhülsen)
Zwei von der Erbse (Beilage)
Erbsen-Zitronen-Tiramisu
Kalte Liebe. Erbseneis mit Himbeeren
Erbsen-Kokos-Parfait mit Tahitivanille
Erbsen-Kren-Aufstrich

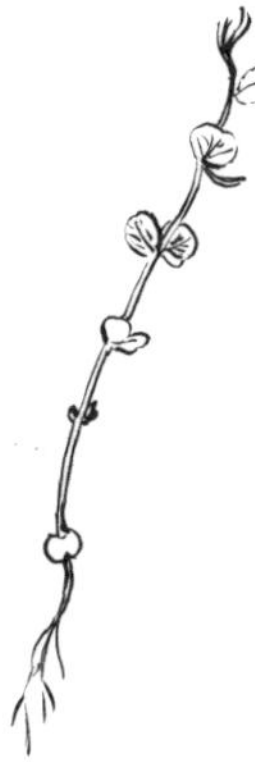

Erbsenhülsen, frisch

Ofenricotta mit Erbsenschotenreduktion
Erbsenhülsensuppe mit Erdnussmus

Zuckerschoten

Zuckerschotensalat mit Mango und Frühlingszwiebeln
Sommerlicher Couscous-Salat mit gebratenen Zuckerschoten, Pistazien und Feta
Stir-fry mit Tannenwipfel-Teriyakisauce
Zwei von der Erbse (Beilage)

Erbsentriebe (Erbsenkresse)

Wintersalat mit Erbsentrieben, Karotten und rosa Grapefruit
Zitroniges Pesto mit Erbsentrieben

Getrocknete Erbsen, gelb oder grün

Gelbe Spalterbsensuppe mit Butternusskürbis und Kokos
Fawa mit Kapern und Röstzwiebeln
Grüne Erbsen-Guacamole
Bunter Erbseneintopf aus dem Ofen

Gefriergetrocknete Erbsen

Schwarzwurzelcremesuppe mit Knuspererbsen

Dosenerbsen

Vegane Mousse au chocolat

Erbsenmehl

Erbsenschöberl als Suppeneinlage
Farinata
Grüne Tagliatelle mit Erbsenmehl
Scones
Erbsengrissini

REZEPTVERZEICHNIS

mandelbaums *kleine gourmandisen*

Jeweils 60 Seiten | Euro 12,– | Gebunden

ARTISCHOCKE	ORANGE
AVOCADO	PASTINAK
BASILIKUM	QUITTE
BIRNE	RHABARBER
ERBSE	ROTE RÜBE ROTE BETE
ERDNUSS	SAFRAN
FEIGE	SALBEI
FENCHEL	SELLERIE
GRANATAPFEL	SPARGEL
HOLUNDER	STEINPILZ
JOHANNISBEERE	VANILLE
KAKAO	WALNUSS
MANDEL	WEICHSEL SAUERKIRSCHE
MARONE ESSKASTANIE	ZIMT
MELANZANE AUBERGINE	ZITRONE
MOHN	ZUCCHINI
MORCHEL	ZWIEBEL